智能制造管理运营手册

基于数字孪生的实操系统

刘宏涛　林龙驰　唐世党　主编

U0359524

化学工业出版社

·北京·

内容简介

《智能制造管理运营手册：基于数字孪生的实操系统》一书，主要包括智能制造概述、数字孪生与智能制造、智能制造的实体——智慧工厂、智能装备与智能制造、智能制造软件应用 5 章内容。

本书采用图文解读的方式，并辅以章前概述、相关链接、案例等模块，让读者在轻松阅读中了解智能制造管理运营的要领并学以致用。本书尽量做到去理论化，注重实操性，以精确、简洁的方式描述重要知识点，尽可能地满足读者希望快速掌握智能制造管理的需求。

本书既可以作为智能制造管理人员进行管理的参照范本和工具书，也可供管理咨询顾问和高校教师做实务类参考指南。

图书在版编目（CIP）数据

智能制造管理运营手册：基于数字孪生的实操系统/刘宏涛，林龙驰，唐世党主编．—北京：化学工业出版社，2022.3
ISBN 978-7-122-40540-1

Ⅰ.①智…　Ⅱ.①刘…②林…③唐…　Ⅲ.①智能制造系统-制造工业-工业企业管理-手册　Ⅳ.①F407.4-62

中国版本图书馆CIP数据核字（2022）第000184号

责任编辑：陈　蕾　夏明慧　　　　　　　　　　装帧设计：尹琳琳
责任校对：刘曦阳

出版发行：化学工业出版社（北京市东城区青年湖南街13号　邮政编码100011）
印　　装：大厂聚鑫印刷有限责任公司
787mm×1092mm　1/16　印张15¼　字数299千字　2022年3月北京第1版第1次印刷

购书咨询：010-64518888　　　　　　　　　　售后服务：010-64518899
网　　址：http://www.cip.com.cn
凡购买本书，如有缺损质量问题，本社销售中心负责调换。

定　　价：68.00元

前言

"新制造，让生产更加智能化"。新制造作为新一轮科技革命和产业变革的重要驱动力，正在中国大地掀起创新热潮。

当前，全球制造业正加快迈向数字化、智能化时代，智能制造对制造业竞争力的影响越来越大。智能制造就是面向产品全生命周期，实现泛在感知条件下的信息化制造。

目前，基于信息物理系统的智能装备、智能工厂等正在引领制造方式变革，再加上5G技术的应用，必将推动中国制造向智能化转型。在这样的背景下，我国的制造企业也开始转型和提升管理水平，通过信息化变革、绿色供应链创新、企业内部的生存环境改善等举措，以实现新的发展，同时在战略上实现订单驱动型向管理驱动型转变，为迈向工业信息化抢占先机。

智能制造包含使用智能装备、传感器、过程控制、智能物流、制造执行系统、信息物理系统组成的人机一体化系统；按照工艺设计要求，实现整个生产制造过程的智能化生产、有限能力排产、物料自动配送、状态跟踪、优化控制、智能调度、设备运行状态监控、质量追溯和管理、车间绩效等；对生产、设备、质量的异常做出正确的判断和处置；实现制造执行与运营管理、研发设计、智能装备的集成；实现设计制造一体化，管控一体化。

5G、人工智能、大数据、工业互联网等新技术加速赋能实体经济，提升产业基础能力和产业链现代化水平。这给传统的制造业带来了生机。许多制造企业开始探索智能制造，希望运用智能制造给企业带来竞争力。然而智能制造并不是某一项或某几项技术的简单组合，而是新一代信息技术和先进制造技术的有机融合，是装备、软件、网络、标准等相关要素的系统集成。

为了帮助制造企业更好地了解智能制造，对智能制造的管理运营有正确的认识，以便做出正确的决策，在智能制造的路上少走弯路，我们编写了《智能制造管理运营手册：基于数字孪生的实操系统》一书。本书主要包括智能制造概述、数字孪生与智能制造、智能制造的实体——智慧工厂、智能装备与智能制造、智能制造软件应用5章内容。

本书采用图文解读的方式，并辅以章前概述、相关链接、案例等模块，让读者在轻松阅读中了解智能制造的本质并学以致用。本书尽量做到去理论化，注重实操性，以精确、简洁的方式描述重要知识点，尽可能地满足读者希望快速学习智能制造相关知识的需求。

本书由刘宏涛、林龙驰、唐世党主编，参编的有匡仲潇、刘艳玲。由于编者水平有限，书中难免出现疏漏，敬请读者批评指正。

编者

目录

第一章　智能制造概述

当前，全球制造业正加快迈向数字化、智能化时代，智能制造对制造业竞争力的影响越来越大。智能制造作为制造业发展的重要方向，是我国培育经济增长新动能、建设制造强国的重要依托。

第二章　数字孪生与智能制造

数字孪生技术是正在高速发展的新技术，为复杂动态系统的物理信息融合提供了解决思路，是智能制造与智能自动化重要的解决方案之一。随着新一代信息技术与实体经济的加速融合，工业数字化、网络化、智能化演进趋势日益明显，催生了一批制造业数字化转型新模式、新业态，其中数字孪生日趋成为产业各界研究热点，未来发展前景广阔。

03

第三章　智能制造的实体——智慧工厂

智能制造的实体为智慧工厂（数字化车间）。在智慧工厂中，工厂总体设计、工程设计、工艺流程及布局前期均已建立了较完善的系统模型，进行了模拟仿真、设计，相关的数据进入企业核心数据库；配置了符合设计要求的数据采集系统和先进控制系统，建立了实时数据库平台、网络。利用云计算、大数据等新一代信息技术，在保障信息安全的前提下，实现经营管理和决策的智能化。

04

第四章　智能装备与智能制造

　　智能制造离不开智能装备的支撑。智能装备是较为先进的制造技术、信息技术以及人工智能技术在制造装备领域中的有机融合，是实现高效、高品质和节能环保等目标的现代化制造装备。

05

第五章　智能制造软件应用

　　我国智能制造已进入高速发展阶段，并开始大量应用云计算、大数据、机器人等相关技术。随之而来的智能制造软件系统也五花八门，导致需求用户无从着手。本章对智能制造所涉及的软件进行介绍以方便企业甄选。

第一章
智能制造概述

当前，全球制造业正加快迈向数字化、智能化时代，智能制造对制造业竞争力的影响越来越大。智能制造作为制造业发展的重要方向，是我国培育经济增长新动能、建设制造强国的重要依托。

第一节　智能制造的基本认知

智能制造是基于新一代信息通信技术与先进制造技术深度融合，贯穿于设计、生产、管理、服务等制造活动的各个环节，具有自感知、自学习、自决策、自执行、自适应等功能的新型生产方式。

一、智能制造的广义概念

智能制造作为广义的概念包含了八个方面，如图1-1所示。

产品智能化　　　　　　　　　　　　　　服务智能化

装备智能化　　　　　广义的智能　　　　制造个性化

生产方式智能化　　　制造内涵　　　　　制造分散化

管理智能化　　　　　　　　　　　　　　制造资源云化

图1-1　广义的智能制造内涵

（一）产品智能化

智能制造，首先要实现对未来工业产品的不断创新和开发，进而制造出智能化的产品。新一轮信息技术革命为产品创新提供了更大的空间，几乎所有的产品都在走向智能化。在智能化网络互联的水平上，互联的智能产品将为社会提供更好的服务，为人类生活提供更好的服务。

产品智能化是把传感器、处理器、存储器、通信模块、传输系统融入各种产品，使得产品具备动态存储、感知和通信能力，实现产品可追溯、可识别、可定位。计算机、智能手机、智能电视、智能机器人、智能穿戴都是物联网的"原住民"，这些产品从生产出来就是网络终端。而传统的空调、冰箱、汽车、机床等都是物联网的"移民"，未来这些产品都需要连接到网络世界。图1-2为产品智能化示意图。

（二）装备智能化

通过先进制造、信息处理、人工智能等技术的集成和融合，可以形成具有感知、分析、推理、决策、执行、自主学习及维护等自组织、自适应功能的智能生产系统以及网络化、协同化的生产设施，这些都属于智能装备。在工业4.0时代，装备智能化的进程可以在两个维度上进行：单机智能化，以及单机设备的互联而形成的智能生产线、智能车

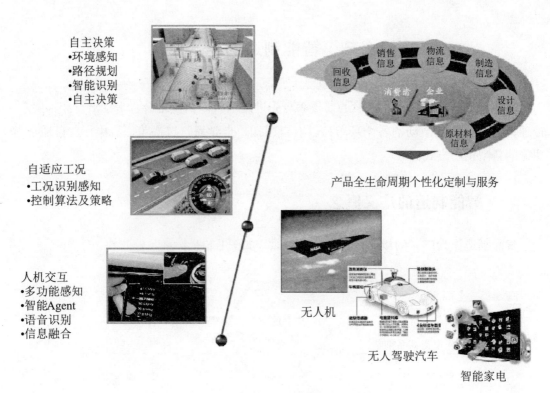

图1-2 产品智能化

间、智能工厂。需要强调的是，单纯的研发和生产端的改造不是智能制造的全部，基于渠道和消费者洞察的前端改造也是重要的一环。二者相互结合、相辅相成，才能完成端到端的全链条智能制造改造。图1-3为装备智能化示意图。

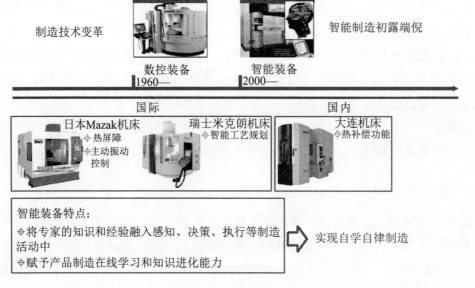

图1-3 装备智能化

（三）生产方式智能化

智能生产的侧重点在于将人机交互、3D打印等先进技术应用于整个工业生产过程，并对整个生产流程进行监控、数据采集，便于进行数据分析，从而形成高度灵活、个性化、网络化的产业链。

1.人机交互

未来各类交互方式都会深度融合，智能设备会更加自然地与人类生物反应及处理过程同步，包括思维过程、动觉，甚至一个人的文化偏好等，这个领域充满着各种各样新奇的可能性。

人与机器的信息交换方式随着技术融合步伐的加快向更高层次迈进，新型人机交互方式被逐渐应用于生产制造领域。具体表现在智能交互设备柔性化和智能交互设备工业领域应用这两个方面。在生产过程中，智能制造系统可独立承担分析、判断、决策等任务，突出人在制造系统中的核心地位，同时在工业机器人、无轨AGV（Automated Guided Vehicle，自动导引运输车）等智能设备配合下，更好发挥人的潜能。机器智能和人的智能真正地集成在一起，互相配合，相得益彰。本质是人机一体化。

2.3D打印

3D打印是一项颠覆性的创新技术，被美国自然科学基金会称为20世纪最重要的制造技术创新。制造业的全流程都可以引入3D打印，起到节约成本、加快进度、减少材料浪费等效果。在设计环节，借助3D打印技术，设计师能够获得更大的自由度和创意空间，可以专注于产品形态创意和功能创新，而不必考虑形状复杂度的影响，因为3D打印几乎可以完成任何形状的物品构建。在生产环节，3D打印可以直接从数字化模型生成零部件，不需要专门进行模具制作等工序，既节约了成本，又能加快产品上市。此外，传统制造工艺在铸造、抛光和组装部件的过程中通常会产生废料，而相同部件使用3D打印则可以一次性成形，基本不会产生废料。在分销环节，3D打印可能会挑战现有的物流分销网络。未来，零部件不再需要从原厂家采购和运输，而是从制造商的在线数据库中下载3D打印模型文件，然后在本地快速打印出来，由此可能导致遍布全球的零部件仓储与配送体系失去存在的意义。

整个3D打印行业产业链大概可分为三个部分，上游基础配件行业，3D打印设备生产企业、3D打印材料生产企业和支持配套企业，下游主要是3D打印的各大应用领域。通常意义上的3D打印行业则主要是指3D打印设备、材料及服务企业。

3D打印已经形成了一条完整的产业链。产业链的每个环节都聚集了一批领先企业。全球范围来看，以Stratasys、3D Systems为代表的设备企业在产业链中占据了主导作用，且这些设备企业通常能够提供材料和打印服务业务，具有较强的话语权。

（四）管理智能化

随着纵向集成、横向集成和端到端集成的不断深入，企业数据的及时性、完整性、准确性不断提高，必然使管理更加准确、更加高效、更加科学。图1-4、图1-5、图1-6分别为车间管理智能化、工厂管理智能化和供应链管理智能化。

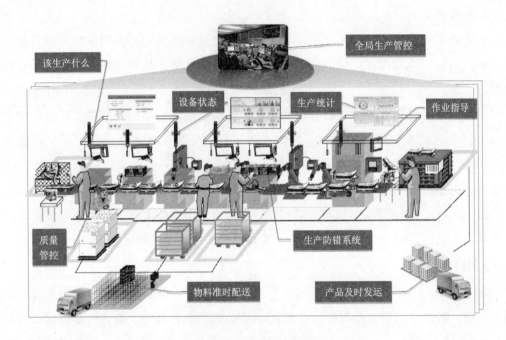

图1-4　车间管理智能化

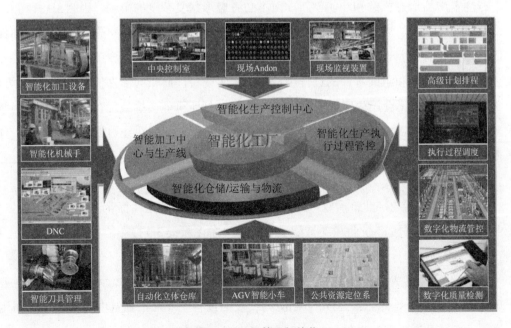

图1-5　工厂管理智能化

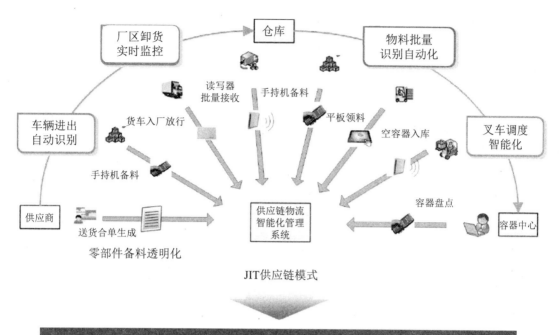

图1-6 供应链管理智能化

（五）服务智能化

传统的工业体系主要关注产品的生产，互联网时代不只关注产品的生产，更要关注产品的使用和服务。通过网络实现对产品全生命周期服务的支撑、远程健康管理、诊断运营服务，为制造业带来全新运营方式。国内很多的企业，包括海尔，都在走向产品全生命周期服务。

（六）制造个性化

基于网络支持，制造业必然走向个性化，传统的以生产为中心的模式必然造成产品过剩。互联网时代的智能生产是需要什么就生产什么，用户的需求和生产紧密融合，通过网络融合，既实现个性化定制，又实现大规模生产。智能制造为智慧的生产方式提供了最有力的支持手段。通过网上的订单、网络的智能分析和分解，变成网络协同化制造的单元、制造的分类，从而在全球范围内进行资源的组织和配置，实现即时定制又具规模的生产，从而实现从生产向服务的转变以及由用户直接驱动的制造方式的形式。

（七）制造分散化

制造未来的发展是走向分散化的。未来的生产不是传统的大规模集中式，一味强调在物理空间把最优资源汇聚到一个地方，而是通过网络空间汇集、使用最优的资源，制

7

造的方式也会发生这样的转变。互联网平台汇集企业生产要素和资源，推动各产业链环节形成分散化的组织形态。

（八）制造资源云化

这是制造业发展到网络云制造、工业云发展的高级阶段，通过网络汇集所有的制造资源，让这些制造资源在全球范围内发挥最大、最有效的作用，从而使得更加有效地利用制造资源成为可能。提升我国制造业的核心竞争力，把制造资源利用效率最大化，制造资源云化是最智慧的形式。

云制造即制造企业将先进的信息技术、制造技术以及新兴物联网技术等进行交叉融合，工厂产能、工艺等数据都集中于云平台，制造商可在云端进行大数据分析与客户关系管理，发挥企业最佳效能。

云制造为制造业信息化提供了一种崭新的理念与模式，云制造作为一种初生的概念，其未来具有巨大的发展空间。但云制造的未来发展仍面临着众多关键技术的挑战，除了对于云计算、物联网、语义Web、高性能计算、嵌入式系统等技术的综合集成，基于知识的制造资源云端化、制造云管理引擎、云制造应用协同、云制造可视化与用户界面等技术均是未来需要攻克的重要技术。

二、智能制造的发展阶段

智能制造经历了两代的发展。

（一）第一代智能制造

第一代智能制造20世纪80年代末由工业发达国家提出。

日本于1989年提出智能制造系统（IMS，Intelligent Manufacturing System），并于1994年启动了IMS合作研究项目；美国于1992年大力支持包括信息技术、新的制造工艺和智能制造技术在内的关键重大技术；欧盟于1994年启动新的研发项目，选择了39项核心技术，其中信息技术、分子生物学和先进制造技术中均突出了智能制造技术的地位；我国对智能制造的研究与其他国家基本上同步，在专家系统、模式识别、机器人等技术方面取得了一定成果。

第一代智能制造常指基于符号智能的制造，主要表现形式为"专家系统"，应用了当时较早的人工智能（Artificial Intelligence，AI）技术来实现生产过程的智能化（如生产调度、在线监测、故障诊断、远程监控等），增强了制造系统的自动化、柔性化。具体如下。

（1）基于规则的专家系统。采用"IF-THEN规则"这种AI技术。可利用人类专家知识与经验，形成可指导生产的知识系统，解决需要人类专家处理的复杂制造问题，实现智能决策。

（2）基于模糊理论的专家系统。采用"模糊理论"这种AI技术。把知识表达从传统的确定性拓展到模糊性，利用可能性理论来解决含有模糊性的生产问题。

（3）基于神经网络的专家系统。采用"人工神经网络"这种AI技术。引入了连接主义的思想，把知识表达从显式拓展到隐式，可通过学习获取知识，并可通过预测来指导生产。

（4）基于框架的专家系统。采用"框架知识表达"这种AI技术。通过框架进行知识管理和应用，拓宽了传统专家系统的知识表达和利用方式。

（5）基于案例的专家系统。采用"经验知识推理"这种AI技术。通过案例分析学习，自动解决新案例，使知识得以承传，也使专家系统具备一定的学习能力。

（6）基于Agent的专家系统。采用Agent技术。将分布式计算引入到制造中，实现了多个智能单元联合协调运作，促进了专家系统由集中式向分布式转变。

（7）基于web的专家系统。采用Web网络技术。通过网络技术促进专家系统向远程分布式转变，更好实现制造知识共享和利用。

（二）第二代智能制造更强调深度学习、万物互联

目前正处于第二代智能制造时代，不同于第一代智能制造为以符号逻辑推理为基础，第二代智能制造则是广泛以物联网、云计算、信息物理系统、社会信息物理系统、大数据和深度学习等新一代信息信息技术为基础，是面向个性化需求、具有"自感知、自学习、自决策、自执行、自适应"等特征的新一代智能制造。

典型的第二代智能制造比如：德国提出智能工厂（SF，Smart Factory），采用的核心技术有物联网（IoT，Internet of Things）、普适计算、监控技术，利用情景感知，构建IoT制造工厂，可实现实时访问各种集中和分散的制造信息，有效融合传感器信息，监控生产状态，控制生产计划，定位工具或物料位置，减少人工干预，加强信息管理和服务，实现可持续的绿色化生产。

此外，德国提出基于信息物理系统（CPS，Cyber-Physical Systems）的"工业4.0"，采用的核心技术有IoT、云计算、控制技术，且更加强调基于云计算与IoT的"控制"。目前，CPS在制造领域的应用刚起步，主要集中在建模、概念化和利用规划等方面。

又如，我国的《智能制造发展规划（2016—2020年）》提出，"智能制造"是基于新一代信息通信技术与先进制造技术深度融合，贯穿于设计、生产、管理、服务等制造活动的各个环节，具有自感知、自学习、自决策、自执行、自适应等功能的新兴生产方式。

（三）将来的智能制造——智慧工业

将来，只有把新一代人工智能、信息通信技术与工业制造技术进行更为深度的融合，

9

才能使智能制造更为智能。将来的智能制造将具备以下三个显著的特性。

（1）泛网络化。尽管网络无处不在，如WLAN、Zigbee、固定/蜂窝通信网、传感网等，但各自在传输数据时，各种网络协议各有不同，严重制约着数据传输、采集、处理与利用的效率，甚至阻碍了智能制造系统应用与发展。

在将来的智能制造过程中，工业制造系统会根据不同的网络自动切换协议，整合各个网络资源，形成统一的或者自主的传输协议，以更好地融合知识网、人际网、物联网和务联网为一体，实现智慧制造。

（2）认知计算化。将来的智能制造，在具有大数据的情况下，可基于深度学习等智能算法进行数据处理与利用，对生产进行主动预测，控制生产中的各环节。在缺少数据的情况下，可以通过自主学习，完成生产制造。

如Semaner等通过多视角的时间对比网络来实现机器人端模仿人类动作，若将这一技术应用于将来的智能制造过程中，只需对已有的加工过程进行一遍学习（少数据），便可以灵活地进行自主的加工制造，以及优化加工过程。

而对制造过程中的突发情况，具有人类思维的将来的智能制造，会根据实际情况，做出相应的调整，如更换刀具、更换设备，停工检修等。整个制造系统具有一定的认知能力，可自学习、自思考、自决策，完美实现OODA（Observe—观察，Orient—调整，Decide—决策，Act—行动）模型。

（3）多功能化。将来智能制造的多功能化展现体现在每个领域里的智能制造系统之间，都可以直接相互交流，相互学习，使一个智能制造系统可实现多领域的制造功能，或一个领域的制造系统可直接借助其他领域的制造系统的知识实现对多个领域的制造功能，从而将进一步扩大智能制造系统的知识领域与应用领域。

三、智能制造的基础

智能制造的基础在于工业互联网/物联网。工业互联网/物联网是开放的、全球化的网络，是全球工业系统汇集高级计算、分析、感知技术以及互联网连接融合的结果。

工业互联网将物联网、移动互联网、云计算、大数据等新一代信息技术的创新成果充分应用在各工业领域，从而达到提高生产力和工作效率、降低成本、减少资源使用的目标。工业互联网是涵盖了从生产到服务、从设备层到网络层、从制造资源到信息融合的多领域、多层级、多维度的融合体。所以工业互联网/物联网与一般移动互联网是有相当差距的，对于云计算、大数据、信息技术服务的应用也有一些本质上的区别，分别简述如表1-1所示。

表1-1　工业互联网/物联网与一般移动互联网的区别

序号	区别点	说明
1	工业云	工业云是在"制造即服务"理念的基础上，借鉴了云计算和物联网技术发展起来的新概念，有别于一般互联网云计算。工业云的核心是支持制造业在广泛的网络资源环境下，为产品提供高附加值、低成本和全球化制造的服务
2	工业领域大数据	工业领域大数据是工业领域完成相关信息化，包括企业内部的数据采集和集成，产业链横向的数据采集和集成，以及客户/用户和物联网上的大量外部数据所产生的海量数据的基础上，经过深入分析和挖掘，为制造企业提供看待价值网络的全新视角，从而为制造业创造更大价值。这种针对产业链横向数据采集和集成的工业领域大数据有别于一般互联网大数据
3	服务型制造信息技术	服务型制造信息技术的含义是指为了实现制造价值链中各利益相关者的价值增值，通过产品和服务的融合、客户全程参与、企业相互提供生产性服务和服务性生产的信息，实现分散化制造资源的整合和各自核心竞争力的高度协同，达到高效创新的一种制造模式。服务型制造业企业提供发展个性化定制服务、全生命周期管理、网络精准营销和在线支持服务等业务，并可以扩展到提供系统集成总承包服务、整体解决方案服务以及面向行业的社会化服务如企业财务服务、金融租赁服务、发展大型制造设备、生产线融资租赁服务等

四、智能制造的新模式

《智能制造工程实施指南（2016—2020）》明确指示："针对原材料工业、装备工业、消费品工业等传统制造业环境恶劣、危险、连续重复等工序的智能化升级需要，持续推进智能化改造，在基础条件好和需求迫切的重点地区、行业中选择骨干企业，推广数字化技术、系统集成技术、关键技术装备、智能制造成套装备，开展新模式试点示范，建设智能车间/工厂，重点培育离散型智能制造、流程型智能制造、网络协同制造、大规模个性化定制、远程运维服务，不断丰富成熟后实现全面推广，持续不断培育、完善和推广智能制造新模式，提高传统制造业设计、制造、工艺、管理水平，推动生产方式向柔性、智能、精细化转变。"

智能制造新模式关键要求如表1-2所示。

表1-2　智能制造新模式关键要求

序号	模式	关键要求
1	离散型智能制造	（1）车间总体设计、工艺流程及布局数字化建模 （2）基于三维模型的产品设计与仿真，建立PDM（Product Data Management，产品数据管理），关键制造工艺的数值模拟以及加工、装配的可视化仿真 （3）先进传感、控制、检测、装配、物流及智能化工艺装备与生产管理软件高度集成 （4）现场数据采集与分析系统、MES（Manufacturing Execution System，制造企业生产过程执行系统）与PLM（Product Lifecycle Management，产品生命周期管理）、ERP（Enterprise Resource Planning，企业资源计划）系统高效协同与集成

序号	模式	关键要求
2	流程型智能制造	（1）工厂总体设计、工艺流程及布局数字化建模 （2）生产流程可视化、生产工艺可预测优化 （3）智能传感及仪器仪表、网络化控制与分析、在线检测、远程监控与故障诊断系统在生产管控中实现高度集成 （4）实时数据采集与工艺数据库平台、MES与ERP系统实现协同与集成
3	网络协同制造	（1）建立网络化制造资源协同平台，企业间研发系统、信息系统、运营管理系统可横向集成，信息数据资源在企业内外可交互共享 （2）企业间、企业部门间创新资源、生产能力、市场需求实现集聚与对接，设计、供应、制造和服务环节实现并行组织和协同优化
4	大规模个性化定制	（1）产品可模块化设计和个性化组合 （2）建有用户个性化需求信息平台和各层级的个性化定制服务平台，能提供用户需求特征的数据挖掘和分析服务 （3）研发设计、计划排产、柔性制造、物流配送和售后服务实现集成和协同优化
5	远程运维服务	（1）建有标准化信息采集与控制系统、自动诊断系统、基于专家系统的故障预测模型和故障索引知识库 （2）可实现装备（产品）远程无人操控、工作环境预警、运行状态监测、故障诊断与自修复 （3）建立产品生命周期分析平台、核心配件生命周期分析平台、用户使用习惯信息模型 （4）可对智能装备（产品）提供健康状况监测、虚拟设备维护方案制定与执行、最优使用方案推送、创新应用开放等服务

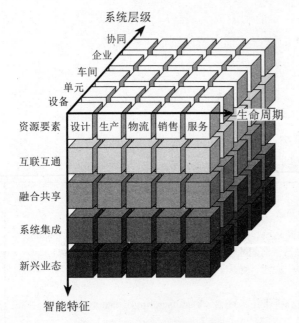

图1-7 智能制造系统架构

五、智能制造的架构

根据《国家智能制造标准体系建设指南（2018年版）》，智能制造系统架构可以从生命周期、系统层级和智能特征三个维度对所涉及的活动、装备、特征等内容进行描述，主要用于明确智能制造的标准化需求、对象和范围，指导国家智能制造标准体系建设。智能制造系统架构如图1-7所示。

（一）生命周期

生命周期是指从产品原型研发开

始到产品回收再制造的各个阶段，包括设计、生产、物流、销售、服务等一系列相互联系的价值创造活动，如图1-8所示。生命周期的各项活动可进行迭代优化，具有可持续性发展等特点，不同行业的生命周期构成不尽相同。

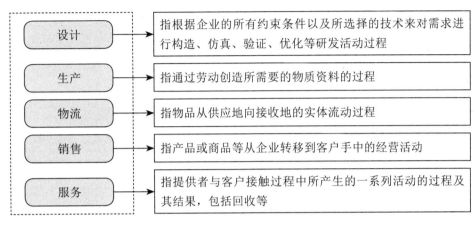

图1-8　生命周期的各项活动

（二）系统层级

系统层级是指与企业生产活动相关的组织结构的层级划分，包括设备层、单元层、车间层、企业层和协同层，如表1-3所示。

表1-3　系统层级说明

序号	层级	说明
1	设备层	这是指企业利用传感器、仪器仪表、机器、装置等，实现实际物理流程并感知和操控物理流程的层级
2	单元层	这是指用于工厂内处理信息、实现监测和控制物理流程的层级
3	车间层	这是实现面向工厂或车间的生产管理的层级
4	企业层	这是实现面向企业经营管理的层级
5	协同层	这是企业实现其内部和外部信息互联和共享过程的层级

（三）智能特征

智能特征是指基于新一代信息通信技术使制造活动具有自感知、自学习、自决策、自执行、自适应等一个或多个功能的层级划分，包括资源要素、互联互通、融合共享、系统集成和新兴业态五层智能化要求，如图1-9所示。

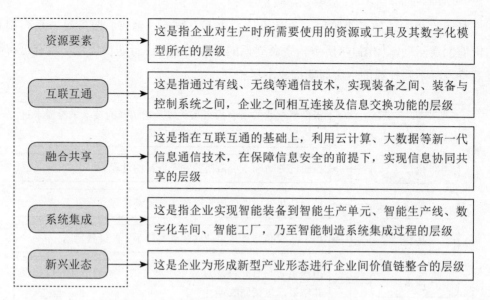

图1-9 五层智能化要求

智能制造的关键是实现贯穿企业设备层、单元层、车间层、企业层、协同层不同层面的纵向集成，跨资源要素、互联互通、融合共享、系统集成和新兴业态不同级别的横向集成，以及覆盖设计、生产、物流、销售、服务的端到端集成。

 相关链接 ‹

海尔集团引领智能制造新模式

海尔集团创立于1984年12月26日，是一家全球领先的美好生活解决方案服务商。在互联网和物联网时代，海尔从传统制造企业转型为共创共赢的物联网社群生态，率先在全球创立物联网生态品牌。

1.创造智能制造新模式

2017年岁末的一份惊喜，对于海尔意义非凡：来自美国电气与电子工程师协会（英文简称"IEEE"）新标准委员（Nescom）大会的消息，一项由海尔主导的大规模定制通用要求标准建议书正式通过了。这是唯一一次由中国企业牵头制定国际标准。史无前例！

过往，福特和丰田创造了工业时代的世界制造模式，影响至深。但是，随着与互联网的深度融合，制造业正在发生巨变：由企业主导的大规模制造逐渐向用户需求驱动下的大规模定制转型。

这是未来物联网时代，全球制造业的方向——智能制造。

海尔从2012年开始规划建设互联工厂，大踏步向智能制造探路，到目前成功搭建中国独创、全球引领的工业互联网平台COSMOPlat，其智能制造的实践已经开花结果。几年间，互联工厂借助前期交互平台，实现了与终端用户需求的无缝对接，并通过开放平台整合全球资源，迅速响应用户个性化需求，从而完成大规模定制。

海尔互联工厂一角

2.打造"海尔互联工厂"样板

时至今日，依托全球首创工业互联网平台COSMOPlat（COSMO取自希腊语，意指"宇宙"，Plat是指"平台"），海尔走出了一条"中国智造"的发展新路。从2015年试水互联网工厂转型，两年间8个"以用户为中心、用户全流程参与定制"的互联工厂全面落地，定制占比57%，订单交付周期缩短50%，效率提升50%。而在互联工厂基础上不断升级的COSMOPlat，也于2017年正式提供社会化服务，打造"海尔互联工厂"样板。

2017年4月26日，全球工业技术顶尖平台——德国汉诺威国际工业展上，德国工业4.0鼻祖人物齐尔克在海尔展台旁驻足许久。吸引他的，是海尔实体冰箱互联工厂制造示范线。这条长11米、宽7米、高2.5米的模拟流水线，展示了从原料自动上线、半成品组装、激光打印、视觉检测等7个工站、11个节点，真实还原了海尔全流程智能制造体系。

德国汉诺威国际工业展海尔展台

3.构建工业互联网平台——COSMOPlat

COSMOPlat，它是海尔在这几年对智能制造探索基础上推出的中国首个独创的、具备自主知识产权、把互联工厂模式产品化并可对外服务的工业互联网平台。依托COSMOPlat，海尔构建了一个社群经济下以用户为中心，面向大规模定制的新工业生态，完全和用户连接，并以用户体验和用户需求为导向，驱动内部"智能制造"的迭代升级。

强调与用户连接，强调从产品为中心到以用户为中心，把用户需求、用户体验作为推动自身迭代升级的最大驱动力，是海尔智能制造的核心。

一方面，COSMOPlat通过在交互、定制、研发、采购、制造、物流、服务全流程节点的业务模式变革，输出七类可社会化复制的应用模块，帮助企业实现产品生产高精度下的高效率。

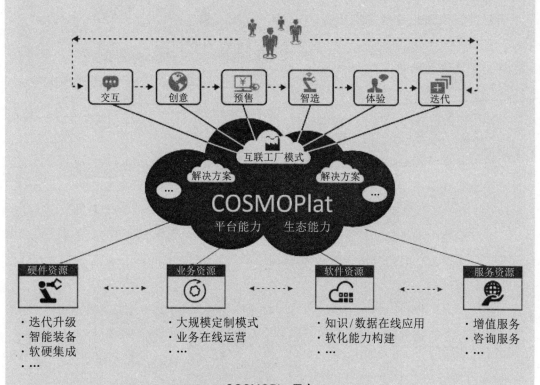

COSMOPlat平台

另一方面，COSMOPlat可为企业智能制造转型升级提供软硬一体的大规模定制整体解决方案和增值服务。具体提供的服务有两种：软硬一体、虚实融合的智能制造解决方案，如新工厂建设、老工厂升级、企业管理等；另外则通过平台沉淀的数据，为企业提供基于大数据的增值服务，如预测性维护、全产业链的协同优化、资源共享集约及金融服务等。

有业内人士认为：从全球智能制造大背景来看，"海尔模式"与美、德模式有着本质区别。美国以研发能力强而著称，但制造工艺不及德国；德国制造优势突出，但互联网技术渗透程度略逊一筹。

相比之下，海尔COSMOPlat具备了全流程、全产业链的概念和能力，并通过高内聚的系统架构和物理化的系统模块，实践了大规模定制的业务。

一个不容忽视的事实是，将"机器换人"作为"制造"向"智造"转型唯一目的的企业，当下仍不在少数。而过于追求机器带来的高效率，常会因找不到用户，而走向从"产量"到"规模"，再到"价格战"的死循环。目前，国内企业存在的最大问题就是方向不清晰，包括手段、模式都很不清晰。COSMOP lat就是要为所有企业在探索智能制造转型中，提供一个落地的标准与指南，减少试错成本，缩小与先进国家在品牌塑造和创新能力上的差距。

4."智造"基因融入传统工厂，实现互联定制

海尔对COSMOPlat的自信，更多源自该解决方案在体系内部的成功应用。其已按COSMOPlat思路构建了沈阳冰箱、郑州空调、佛山滚筒、胶州空调、青岛热水器、FPA电机、青岛模具以及中央空调八个互联工厂。

重要的是，互联工厂在此过程中，很好地充当了海尔推广COSMOPlat的"样板间"。海尔希望让每一个对制造升级充满期待的企业感知到，海尔互联工厂"样板间"完全可成为他们"未来工厂"的标配。

而当下最受热议的，当属位于青岛中德工业园区的海尔中央空调互联工厂。这里是全球中央空调行业最先进的制造基地：投资数亿元，占地面积8万多平方米，始建于2016年1月，边建边投产，如今年产能已达30万台，生产效率、库存周转率均提升300%。

走进车间，会发现这里更像一个整洁明亮的办公空间，工人并不多见，柔性生产线上，为数不少的橙黄色机械臂协同运转，井然有序。而恰恰是在这全然不像工业车间的厂区内，大型装备的自动化率竟高达70%以上。

海尔互联工厂生产线

比如，以往在炎热夏天，工人穿着厚厚的工服手工喷漆，汗流浃背。如今，这项工作完全由机器人取代，不仅改善了工作环境，还能解决手工喷漆不均匀问题。

又如，传统中央空调主机生产线均采用人工推动生产，效率低又浪费人力。而今磁悬浮总装线，在借鉴汽车行业动力板链地平线基础上，可根据节拍设定自动运转，做到了6种产品的总装混产，不良工程减少了30%，效率提升了50%。重要的是，该生产线属于用户订单驱动的柔性生产线，即用户的体验信息可上传至生产线相应工位，用户评价与员工薪酬直接关联。对员工而言，这既是压力也是动力。

中央空调互联工厂的"智造"基因，还体现在COSMOPlat智能云服务平台大数据分析上。该平台通过用户使用数据和设备数据分析，可为中央空调用户推送设备诊断、异常预警，以及节能运营等各种增值服务。

借助大数据分析，系统可实现自诊断和自反馈，原来中央空调都是坏了再修，现在通过大数据分析，可在故障发生前提前预测，实现用户零停机，在提升体验之余，还能帮用户节省备用机费用。由此，传统买卖关系就变成了终身用户关系。

除此之外，具备磁悬浮中央空调设备的100%用户定制，是中央空调互联工厂推广的一大亮点，也是与海尔此前7个互联工厂的根本不同。

5. 建立共创共赢新模式

形象地说，依托COSMOPlat智能制造平台，海尔互联定制可让每个用户自己"制造"家电。但这背后的关键，仍然基于"人单合一"模式。

海尔"人单合一"模式

"人单合一"始于2005年，是海尔CEO张瑞敏提出并命名的一种全新商业模式。经过长达12年的探索，"人单合一"如今已进入2.0时代，有了新内涵，即建立一个互利共生的平台。

从实践上看，"人单合一"的新诉求，无不倒逼着海尔在组织颠覆、流程升级、机制创新等方面进行探索，最终自主研发了"人单合一"在制造业的落地载体——COSMOPlat；反之，COSMOPlat又为"人单合一"提供验证和支持，所有数据都会在COSMOPlat平台运营、管理。

以COSMOPlat为依托的海尔"智造"，并非简单的机器换人或自动化。最重要的是，它让互联工厂超越了传统工厂的概念，以用户为中心，全流程资源并联形成了一个共创共赢的生态圈。而要支撑这个生态圈，必须从传统组织变成一个平台。

具体到整个供应链上，包括设计师、模块商（上游供应商）、互联工厂、车小微（负责物流配送）等各环节都要转型，由传统串联的部门组织，变成共同面向用户的一个个"小微"，中央空调互联工厂就是其中一个"小微"。

在中央空调互联工厂，有8条线体（生产线）、42个小"小微"。与海尔集团旗下一些"小微"财务和用人独立不同，这些生产车间处处涌现的小"小微"，只是单元机构，但也要单独算投入产出，并可利用海尔平台资源，如借助外力来改进工艺。

在海尔互联工厂，每个工人都会被予以一个身份——"创客"。每个创客，如果他的创新方案被采纳，则会被充分尊重，并可得到相应激励。

海尔创客发明的"自动打包机"

张瑞敏更是在视察中央空调互联工厂时，对该组织平台彰显的"人的价值"给予肯定。他说："机器换人只是解决了效率问题，但把工人真正变成了创客，与平台各方共创用户价值，才是互联工厂的核心本质。在海尔有创新基因的土壤上，每位员工的创新积极性都得以充分发挥，员工个人价值提升后，为用户提供解决需求的能力也得到了相应增长。而最终的目标，就是在迈进物联网的同时，实现为用户定制美好生活解决方案的愿景。"

第二节　智能制造的支撑技术

一、大数据技术

（一）何谓大数据技术

1.大数据的含义

大数据技术的战略意义不在于掌握庞大的数据信息，而在于对这些含有意义的数据进行专业化处理。换而言之，如果把大数据比作一种产业，那么这种产业实现盈利的关键，在于提高对数据的"加工能力"，通过"加工"实现数据的"增值"。

"大数据"需要新处理模式才能具有更强的决策力、洞察发现力和流程优化能力，以适应海量、高增长率和多样化的信息资产。

2.大数据的特点

大数据具有图1-10所示特点。

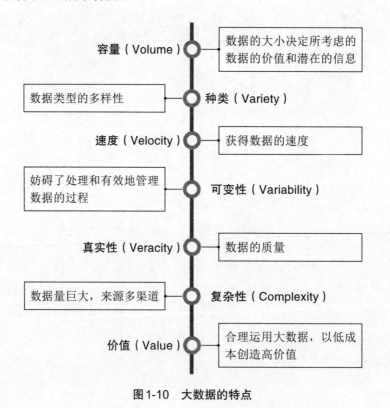

图1-10　大数据的特点

3.大数据的优势

从技术上看，大数据与云计算的关系就像一枚硬币的正反面一样密不可分。大数据必然无法用单台计算机进行处理，必须采用分布式架构。它的特色在于对海量数据进行分布式数据挖掘。但它必须依托云计算的分布式处理、分布式数据库和云存储、虚拟化技术，如图1-11所示。大数据需要特殊的技术，以有效地处理大量的经过时间累积的数据。

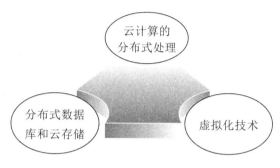

图1-11　大数据的依托技术

（二）大数据技术在制造企业中的应用场景

大数据技术可以渗透到制造业的各个环节发挥作用，如产品设计、原料采购、产品制造、仓储运输、订单处理、批发经营和终端零售。

1.加速产品创新

客户与工业企业之间的交易会产生大量的动态行为数据，客户对产品的使用情况也会被跟踪记录。对这些产品使用动态数据进行挖掘和分析，并将分析结果应用到产品改进设计、创新等活动中，相当于让客户参与到产品的需求分析和产品设计等创新活动中，这对产品创新具有不可估量的贡献。

福特公司将大数据技术应用到了福特福克斯电动车的产品创新和优化中，这款车成了一款名副其实的"大数据电动车"。第一代福特福克斯电动车在驾驶和停车时产生大量数据。在行驶中，司机持续地更新车辆的加速度、刹车、电池充电和位置信息。这对于司机很有用，但数据也传回福特工程师那里，以了解客户的驾驶习惯，包括如何、何时以及何处充电。即使车辆处于静止状态，它也会持续将车辆胎压和电池系统的数据传送给最近的智能电话。这种以客户为中心的大数据应用场景具有多方面的好处，因为大数据实现了宝贵的新型产品创新和协作方式。司机获得有用的最新信息，而位于底特律的工程师汇总关于驾驶行为的信息，以了解客户，制订产品改进计划，并实施新产品创新。而且，电力公司和其他第三方供应商也可以分析数百万英里（1英里≈1.609公里）的驾驶数据，以决定在何处建立新的充电站，以及如何防止脆弱的电网超负荷运转。

日本汽车公司Honda将大数据分析技术应用于电动车电池上。由于电动车不像汽车或油电混合车可以使用汽油作为动力来源，其唯一的动力就是电池，所以Honda希望进一步了解电池在什么情况下，绩效表现最好、使用寿命最长。Honda公司通过大数据技术，可以搜集并分析车辆在行驶中的一些资讯，如：道路状况、车主的开车行为、开车时的环境状态等，这些资讯一方面可以帮助汽车制造公司预测电池目前的寿命还剩下多长，以便及时提醒车主做更换，一方面也可以提供给研发部门，作为未来设计电池的参考。

2.产品故障诊断与预测

大数据技术用于产品故障诊断与预测如图1-12所示。

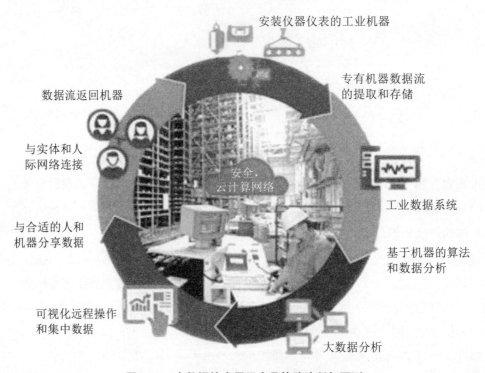

图1-12　大数据技术用于产品故障诊断与预测

大数据可以被用于产品售后服务与产品改进。无所不在的传感器、互联网技术的引入使得产品故障实时诊断变为现实，大数据应用、建模与仿真技术则使得预测动态性成为可能。

位于美国亚特兰大的GE能源监测和诊断（M&D）中心，收集全球50多个国家上千台GE燃气轮机的数据，每天就能为客户收集10G的数据，通过分析来自系统内的传感器振动和温度信号的恒定大数据流，这些大数据分析将为GE公司对燃气轮机故障诊断和预警提供支撑。

BMW公司应用大数据分析，在短短的12周时间内降低80%的零件报废率。一台汽车需要的零件有很多种，其中一个是与引擎结合的引擎上盖。以前，BMW要等到最终引擎组装阶段，将引擎上盖组装完成后才知道到这个零件能否使用，如果不能使用就只好将整个引擎报废。而通过大数据技术，BMW公司在引擎生产线上可以做即时的检测与分析，倘若品管没有问题则直接进到最后的组装程序，但若零件品质不好且无法修补则直接报废，或者零件品质不好但能经过其他方式修补，则在修补后再度进行品管测试，借此提高生产效率并降低报废率。

3.产品流程优化

现代化工业制造生产线安装有数以千计的小型传感器，以探测温度、压力、热能、振动和噪声。因为每隔几秒就收集一次数据，利用这些数据可以实现很多形式的分析，包括设备诊断、用电量分析、能耗分析、质量事故分析（包括违反生产规定、零部件故障）等。例如，在生产工艺改进方面，在生产过程中使用这些大数据，就能分析整个生产流程，了解每个环节是如何执行的。一旦有某个流程偏离了标准工艺，就会产生一个报警信号，能更快速地发现错误或者瓶颈所在，也就能更容易解决问题。另外，利用大数据技术，还可以对工业产品的生产过程建立虚拟模型，仿真并优化生产流程，当所有流程和绩效数据都能在系统中重建时，这种透明度将有助于制造商改进其生产流程。再如，在能耗分析方面，在设备生产过程中利用传感器集中监控所有的生产流程，能够发现能耗的异常或峰值情形，由此便可在生产过程中优化能源的消耗，对所有流程进行分析将会大大降低能耗。

4.工业供应链的分析和优化

大数据技术可以从数据分析中获得知识并推测趋势，可以对企业的原料采购的供求信息进行更大范围的归并、匹配，效率更高。大数据通过高度整合的方式，将相对独立的企业各部门信息汇集起来，打破了原有的信息壁垒，实现了集约化管理，可以根据轻重缓急，更加科学合理地安排企业的财政支出。其次，利用大数据的海量存储与快速数据处理功能，可以对采购的原料的附带属性（节能、节水、环保等）进行更加精细化的描述与标准认证，通过分类标签与关联分析，可以更好地评估企业采购资金的支出效果。此外，大数据能预测原材料的价格以及原材料品质的好坏。这使制造业企业更加科学地采购原材料成为可能，企业可以采购到质优价低的原材料。

当前，大数据分析已经是很多电子商务企业提升供应链竞争力的重要手段。RFID等产品电子标识技术、物联网技术以及移动互联网技术能帮助工业企业获得完整的产品供应链的大数据，利用这些数据进行分析，将带来仓储、配送、销售效率的大幅提升和成本的大幅下降。利用销售数据、产品的传感器数据和出自供应商数据库的数据，工业制造企业便可准确地预测全球不同区域的需求。由于可以跟踪库存和销售价格，可以在价格下跌时买进，所以制造企业便可节约大量的成本。如果再利用产品中传感器所产生的数据，知道产品出了什么故障，哪里需要配件，他们还可以预测何处以及何时需要零件。这将会极大地减少库存，优化供应链。

以海尔公司为例，海尔公司供应链体系很完善，它以市场链为纽带，以订单信息流为中心，带动物流和资金流的运动，整合全球供应链资源和全球用户资源。在海尔供应链的各个环节，客户数据、企业内部数据、供应商数据被汇总到供应链体系中，通过供应链上的大数据采集和分析，海尔公司能够持续进行供应链改进和优化，保证了海尔对客户的敏捷响应。图1-13为海尔集团基于mySAP SCM的网络模型。美国较大的OEM供应商超过千家，为制造企业提供超过1万种不同的产品，每家厂商都依靠市场预测和其他不同的变量，如销售数据、市场信息、展会、新闻、竞争对手的数据，甚至天气预报等来销售自己的产品。

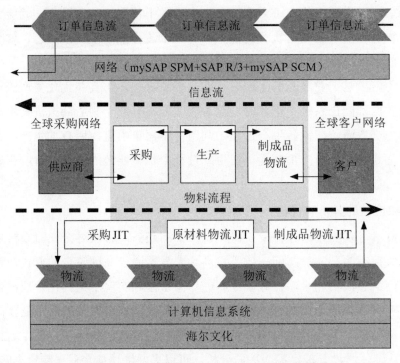

图1-13　海尔集团基于mySAP SCM的网络模型

5.产品销售预测与需求管理

企业可通过大数据来分析当前需求变化和组合形式。大数据是一个很好的销售分析工具，通过历史数据的多维度组合，可以看出区域性需求占比和变化、产品品类的市场受欢迎程度以及最常见的组合形式、消费者的层次等，以此来调整产品策略和铺货策略。

大数据的核心作用在于预测。大数据可以快速精准地预测市场趋势和客户需求，并对客户进行细分，为其提供量身定制的合适服务。企业通过大数据的预测结果，便可以得到潜在订单的数量，然后直接进入产品的设计和制造以及后续环节。即企业可以通过大数据技术，在客户下单之前进行订单处理。而传统企业通过市场调研与分析，得到粗略的客户需求量，然后开始生产加工产品，等到客户下单后，才开始订单处理。这大大延长了产品的生产周期。如海尔集团于2013年1月构建了SCRM（社交化客户关系管理）会员大数据平台。销售人员可进行大数据分析，精准预测出个体消费者的需求，实现了在客户下单之前进行订单处理。

6. 生产计划与排程

生产环节的大数据具有很大的利用价值，对其进行挖掘与分析，对计划制订具有指导意义。通过对计划与实际完成情况的对比分析，发现计划与实际完成的偏差，在考虑产能约束、人员技能、物料供应、工装模具等生产资源的基础上，通过智能的算法优化，建立计划制订模型，从而安排更加科学合理的生产计划与排程。

7. 产品质量管理与分析

高度自动化的设备在加工产品的同时记录了大量的检测结果。利用检测结果进行质量分析，可以提高质量管理水平。在产品的整个寿命周期，包括从市场调研到售后服务等的各个过程中适当运用数据分析，可以提高质量管理的有效性。

8. 实现产品生命周期管理

随着物联网的发展，条形码、二维码、RFID等能够唯一标示产品，传感器、可穿戴设备、智能感知、视频采集、增强现实等技术能将产品生命周期的信息进行实时采集和分析，这些数据能够帮助企业在供应链的各个环节跟踪产品，收集产品使用信息，从而实现产品生命周期的管理。这些数据还可以用于售后服务，提高售后服务质量，从而提高产品竞争力。

9. 库存管理

信息化高度发达，工业企业各方面的信息都可以获取到。库存信息将完全展现在管理者面前，通过数据分析和挖掘，可以准确知道产品原材料和产成品库存量。根据原材料库存量和生产计划确定原材料需求量，在此基础上进行采购，可以保证产品生产需求，又最大限度地减少了资源浪费。

二、云计算

（一）何谓云计算

云计算（Cloud Computing）是基于互联网相关服务的增加、使用和交互模式，通常涉及通过互联网来提供动态易扩展且经常是虚拟化的资源。

美国国家标准与技术研究院（NIST）定义：云计算是一种按使用量付费的模式，这种模式提供可用的、便捷的、按需的网络访问，进入可配置的计算资源共享池，资源包括网络、服务器、存储、应用软件、服务等，这些资源能够被快速提供，只需投入很少的管理工作，或与服务供应商进行很少的交互。XenSystem 以及在国外已经非常成熟的英特尔和IBM的各种"云计算"应用服务，其服务范围正日渐扩大，影响力也无可估量。

（二）工业云催生工业经济新业态

云计算、大数据、物联网等技术的集成应用，推动了新型制造模式的产生与发展，也进一步加速了工业企业销售模式的变革，催生了社交营销、O2O（Online to Offline）、智能物流、互联网金融、移动电子商务等生产性互联网新兴服务业态，是推动区域产业结构优化调整的重要引擎。

工业云通常指基于云计算架构的工业云平台和基于工业云平台提供的工业云服务，涉及产品研发设计、实验和仿真、工程计算、工艺设计、加工制造及运营管理等诸多环节。工业云服务常见的方式有工业 SaaS（Software as a Service）云服务、工业 IaaS（Infrastructure as a Service）云服务、工业 PaaS（Platform as a Service）云服务等方式。工业云基于云计算技术架构，使工业设计和制造、生产运营管理等工具大众化、简洁化、透明化，通过工业云计算服务，可大幅提升工业企业全要素生产率。

基于工业云服务，用户一方面可以获得云化的工业设计、加工工艺分析、装配工艺分析、模具设计、机械零部件设计与性能分析、电磁场模拟等服务，从而大幅缩短产品升级换代周期，降低设计与制造成本，提高产品性能；另一方面，工业企业的订单管理、主生产计划、备料等诸多环节均可依托工业云平台的 ERP（Enterprise Resource Planning，企业资源计划）、DMS（Dealer Management System，经销商管理系统）、PLM（Product Lifecycle Management，产品生命周期管理）等企业管理工具来提升管理效能；同时，用户也可基于工业云服务平台对生产设计、企业经营管理及用户交互中各种数据进行充分挖掘，利用大数据为企业研发、生产、营销、交易、服务等活动提供支持。

（三）制造业在云计算等技术的推动下迎来发展新时期

将云计算应用于制造业后，传统的制造业在新一代信息技术的支持下迸发出新的生机和活力。

从产品的生产、运输和销售等多个方面来看，云计算在整个制造业的发展过程中起着至关重要的作用。云计算的运用推动了制造业企业不断改进生产工艺、调整生产结构，以此来顺应工业4.0大背景下企业发展的实际需要。

例如，在产品的制造方面，借助云计算，企业可以将不同车间的生产数据汇集到统一的系统并上传至云平台中，企业的生产部负责人通过分析产品数据就可以随时调整生产进度，以保证相关的产品能够及时生产完毕。

又如，在产品的运输方面，企业通过分析云平台中不同运输车辆运送产品的行驶路线和所用的时间，就可以为产品运输选择最佳的运输路线，以此提高运输效率、节省运输时间。在大批量的产品运送过程中，云计算具有的优势得以充分展现出来。

此外，运用云计算，制造业企业之间还可以搭建共享云平台，以此实现产品制造经验的共享和产品制造技术的提升。搭建公有云或者混合云平台后，制造业企业不再是孤军作战，而是和业界同行一起共同探索技术革新、产业升级的新渠道，这使得产业集群效应逐步显现。

三、物联网技术

（一）物联网技术概述

1.何谓物联网技术

物联网（IoT）是新一代信息技术的重要组成部分，其英文名称是"Internet of Things"。顾名思义，物联网就是物物相连的互联网。

物联网在国际上又称为传感网，是继计算机、互联网与移动通信网之后的又一次信息产业浪潮。世界上的万事万物，小到手表、钥匙，大到汽车、楼房，只要嵌入一个微型感应芯片，把它变得智能化，这个物体就可以"自动开口说话"。再借助无线网络技术，人们就可以和物体"对话"，物体和物体之间也能"交流"，这就是物联网。

本书认为，物联网是指红外感应器、激光扫描器等信息传感设备，通过物联网域名、全球定位系统、射频识别技术（RFID），与互联网相连接，进行信息交换和通信，以实现智能化识别、定位、跟踪、监控和管理的一种网络概念。

2.物联网应用技术基本特征

物联网应用技术基本特征如图1-14所示。

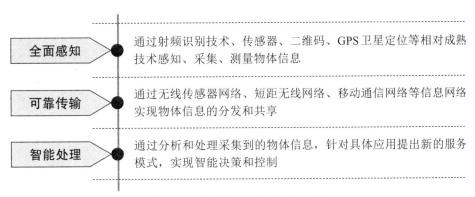

图1-14　物联网应用技术基本特征

3.物联网的体系结构

物联网的体系结构如图1-15所示，它可分为3层：感知层、网络层和应用层。

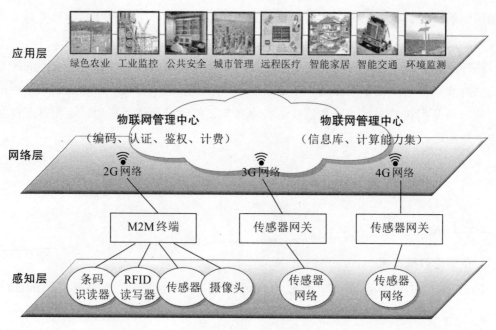

图1-15　物联网的体系结构

4.物联网的关键技术

（1）射频识别技术。RFID技术是一种无接触的自动识别技术，利用射频信号及其空间耦合传输特性，实现对静态或移动待识别物体的自动识别，用于对采集点的信息进行"标准化"标识。鉴于RFID技术可实现无接触的自动识别，全天候、识别穿透能力强、无接触磨损，可同时实现对多个物品的自动识别，将这一技术应用到物联网领域，使其与互联网、通信技术相结合，可实现全球范围内物品的跟踪与信息的共享，在物联网"识别"信息和近程通信中，起着至关重要的作用。另一方面，产品电子代码（EPC）采用RFID电子标签技术作为载体，大大推动了物联网发展和应用。

（2）传感技术信息。采集是物联网的基础，而目前的信息采集主要是通过传感器、传感节点和电子标签等方式完成的。

将传感器应用于物联网中可以构成无线自治网络，这种传感器网络技术综合了传感器技术、纳米嵌入技术、分布式信息处理技术、无线通信技术等，使各类能够嵌入到任何物体的集成化微型传感器协作进行待测数据的实时监测、采集，并将这些信息以无线的方式发送给观测者，从而实现"泛在"传感。在传感器网络中，传感节点具有端节点和路由的功能：首先是实现数据的采集和处理，其次是实现数据的融合和路由，综合本身采集的数据和收到的其他节点发送的数据，转发到其他网关节点。传感节点的好坏会直接影响到整个传感器网络的正常运转和功能健全。

（3）网络和通信技术。物联网的实现涉及到近程通信技术和远程运输技术。近程通信技术涉及RFID、蓝牙等，远程运输技术涉及互联网的组网、网关等技术。传感器网络通信技术主要包括广域网络通信和近距离通信等两个方面，广域方面主要包括 IP 互联网、2G/3G 移动通信、卫星通信等技术，而以 IPv6 为核心的新联网的发展，更为物联网提供了高效的传送通道；在近距离方面，当前的主流则是以 IEEE 802.15.4 为代表的近距离通信技术。

M2M 技术也是物联网实现的关键。与 M2M 可以实现技术结合的远距离连接技术有 GSM、GPRS、UMTS 等，Wi-Fi、蓝牙、ZigBee、RFID 和 UWB 等近距离连接技术也可以与之相结合，此外还有 XML 和 CORBA，以及基于 GPS、无线终端和网络的位置服务技术等。M2M 可用于安全监测、自动售货机、货物跟踪领域，应用广泛。

（4）数据的挖掘与融合。从物联网的感知层到应用层，各种信息的种类和数量都成倍增加，需要分析的数据量也成级数增加，同时还涉及到各种异构网络或多个系统之间数据的融合问题，如何从海量的数据中及时挖掘出隐藏信息和有效数据的问题，给数据处理带来了巨大的挑战，因此怎样合理、有效地整合、挖掘和智能处理海量的数据是物联网的难题。结合 P2P、云计算等分布式计算技术，成为解决以上难题的一个途径。云计算为物联网提供了一种新的高效率计算模式，可通过网络按需提供动态伸缩的廉价计算，其具有相对可靠并且安全的数据中心，同时兼有互联网服务的便利、廉价和大型机的能力，可以轻松实现不同设备间的数据与应用共享，用户无需担心信息泄露、黑客入侵等棘手问题。云计算是信息化发展进程中的一个里程碑，它强调信息资源的聚集、优化和动态分配，节约信息化成本并大大提高了数据中心的效率。

（二）物联网技术在制造业中的应用

物联网技术在制造业中的八个主要用途如下。

1.数字/连网工厂

支持物联网的机器可以向制造商等合作伙伴或现场工程师传输操作信息，这将使运营管理人员和工厂负责人能够远程管理工厂单元实现流程自动化和优化。与此同时，数字连接单元将建立更好的命令行，并帮助确定管理者的关键结果区域（KRA）。

2.设施管理

在制造装备中使用物联网传感器可实现基于状态的警报维护。有许多关键机床需要在特定温度和振动范围内运行，物联网传感器可以主动监控机器并在设备偏离其规定参数时发出警报。通过确保机器的规定工作环境，制造商可以节约能源、降低成本、消除机器停机时间并提高运营效率。

3.生产流程监控

制造流程中的物联网可以实现从精炼过程到最终产品包装的全面生产线监控。这种对流程近乎实时的全面监控提供了建议调整操作的范围，以便更好地管理运营成本。此外，密切监控可以识别生产滞后，并消除了废物和不必要的制品库存。

4.库存管理

物联网应用允许监控整个供应链中的所有事件。使用这些系统，可在项目层级上全局跟踪和监控库存，并通知用户任何与项目有关的重大偏差。这提供了库存的跨渠道可见性，并向管理人员提供对可用材料、制品和新材料到达时间的实际估计。最终，这优化了供应，降低了价值链中的共享成本。

5.工厂安全和保障

物联网结合大数据分析可以提高工厂员工的整体安全保障系数，可以监控健康和安全的关键绩效指标，例如受伤和疾病发生率、未遂事件、偶尔和长期缺勤、车辆事故以及日常运营中的财产损坏或丢失。因此，有效监控确保了更好的安全性，滞后指标（如果有的话）也可以得到解决，从而确保健康、安全和环境（HSE）情况得到有效保障。

6.质量控制

物联网传感器从产品周期的各个阶段收集汇总产品数据和其他第三方数据。该数据涉及所用原料的组成、温度和工作环境、运输等对最终产品的影响。此外，如果在最终产品中使用，物联网设备可以提供有关客户的产品使用体验数据，所有这些客户的使用数据稍后都可以进行分析，以识别和纠正产品质量问题。

7.包装优化

通过在产品或包装中使用物联网传感器，制造商可以从多个客户那里了解产品的使用模式和处理方式。智能跟踪机制还可以跟踪运输过程中的产品劣化以及天气、道路和其他环境变量对产品的影响。这将提供可用于重新设计产品和包装的见解，以便在客户体验和包装设计方面获得更好的表现。

8.物流和供应链优化

工业物联网（IIoT）可以通过跟踪材料、设备和产品在供应链中的移动，提供对实时供应链信息的访问。有效的报告使制造商能够收集交付信息并将其输入ERP、PLM和其他系统。通过将工厂与供应商连接起来，与供应链相关的所有各方都可以相互追踪材料流动和制造周期时间。这些数据将有助于制造商预测问题，减少库存和资本需求。

四、人工智能

（一）人工智能概述

1.人工智能的概念

对于人工智能（AI，Artificial Intelligence），国际上没有一个公认的定义。最早提出这一概念的约翰·麦卡锡认为："人工智能就是要让机器的行为看起来像人所表现出的智能行为一样。"我国《人工智能辞典》将人工智能定义为"使计算机系统模拟人类的智能活动，完成人用智能才能完成的任务"。此外，还有其他诸多关于人工智能的定义。

本书认为，人工智能是一门研究模拟人类智能，实现机器智能的一门科学，研究人员希望机器人不只能够做一些烦琐的工业任务或者数理计算，还希望机器人能够有独立思考的能力，也就是有自我。通过图像识别、动作识别、逻辑判断、自然语言的处理和反馈以及深层次的数学以及理论思考来体现人工智能的意义。

从专业角度讲，人工智能是计算机科学的一个分支，它结合计算机知识、心理学和哲学等，由机器学习、计算机视觉等领域组成。它旨在使机器能够胜任一些通常需要人类智能才能完成的复杂工作。

2. 人工智能的关键技术

人工智能已经逐渐发展成一门庞大的技术体系，在人工智能领域，它普遍包含了机器学习、深度学习、人机交互、自然语言、机器视觉等多个领域的技术，下面对这些人工智能中的关键技术做一个简单的介绍。

（1）机器学习。机器学习是一门多领域交叉学科，涉及统计学、系统辨识、逼近理论、神经网络、优化理论、计算机科学、脑科学等诸多领域。通过研究计算机怎样模拟或实现人类的学习行为，以获取新的知识或技能。通过知识结构的不断完善与更新来提升机器自身的性能，这属于人工智能的核心领域。基于数据的机器学习是现代智能技术中的重要方法之一，研究从观测数据（样本）出发寻找规律，利用这些规律对未来数据或无法观测的数据进行预测。阿尔法Go就是这项技术一个很成功的体现。

（2）深度学习。深度学习的概念由Hinton等人于2006年提出。深度学习可以有人监督（需要人工干预来培训基本模型的演进），也可以无人监督（通过自我评估自动改进模型）。深度学习目前广泛运用于各类场合，如在财资管理领域，可以通过深度学习进行现金流预测和头寸智能化管理。

深度学习则是机器学习各项技术中发展最旺盛也是最成功的一个分支。我们常说的人工神经网络是机器学习中的一种算法。机器学习的其他算法包括聚类算法、贝叶斯算法等。在量化交易、智能投资和智能风控中，往往会应用机器学习技术。

（3）人机交互。关于人机交互，它最重要的方面是研究人和计算机之间的信息交换，主要包括人到计算机和计算机到人的两部分信息交换，是人工智能领域的重要的外围技术。人机交互是与认知心理学、人机工程学、多媒体技术、虚拟现实技术等密切相关的综合学科。传统的人与计算机之间的信息交换主要依靠交互设备进行，主要包括键盘、鼠标、操纵杆、数据服装、眼动跟踪器、位置跟踪器、数据手套、压力笔等输入设备，以及打印机、绘图仪、显示器、头盔式显示器、音箱等输出设备。人机交互技术除了传统的基本交互和图形交互外，还包括语音交互、情感交互、体感交互及脑机交互等技术。

（4）自然语言。自然语言泛指各类通过处理将自然的语言数据并转化为电脑可以"理解"的数据的技术。自然语言处理一方面可以辅助财务共享服务中心进行客户服务；另一方面，结合自然语言技术，还可以便利知识管理和智能搜索。

自然语言处理是计算机科学领域与人工智能领域中的一个重要方向，研究能实现人与计算机之间用自然语言进行有效通信的各种理论和方法，涉及的领域较多，主要包括机器翻译、机器阅读理解和问答系统等。

（5）人工神经网络。人工神经网络可应用在机器人定位与导航中。人工神经网络具有融合多元信息资源的功能，在人工智能中扮演着重要的角色，特别在智能机器人定位和导向环节具有较高的应用频率。

（6）机器视觉。机器视觉是使用计算机模仿人类视觉系统的科学，让计算机拥有类似人类提取、处理、理解和分析图像以及图像序列的能力。自动驾驶、机器人、智能医疗等领域均需要通过计算机视觉技术从视觉信号中提取并处理信息。近来随着深度学习的发展，预处理、特征提取与算法处理渐渐融合，形成端到端的人工智能算法技术。根据解决的问题，计算机视觉可分为计算成像学、图像理解、三维视觉、动态视觉和视频编解码五大类。

（二）人工智能在工业领域的应用

人工智能推动企业向智能制造和智能运营发展，但人工智能需要跟大数据、移动互联网、物联网、云计算协同，而且需要与企业的运营技术紧密结合。人工智能在工业领域的应用简述如下。

1.应用数据的可视化分析

人工智能除了能够收集设备运行的各项数据（如温度、转速、能耗情况、生产力状况等），还可以存储数据以供二次分析，并对生产线进行节能优化，提前检测出设备运行是否异常，同时提供降低能耗的措施。

2.机器的自我诊断

比如一条生产线突然发出故障报警，机器能够自己进行诊断，找到哪里产生了问题，原因是什么，同时还能够根据历史维护的记录或者维护标准，告诉我们如何解决故障，甚至让机器自己解决问题、自我恢复。

3.预测性维护

通过人工智能技术让机器在出现问题之前就感知到或者分析出可能出现的问题。比如，工厂中的数控机床在运行一段时间后刀具就需要更换，通过分析历史的运营数据，机器可以提前知道刀具会损坏的时间，从而提前准备好更换的配件，并安排在最近的一次维护时更换刀具。

五、5G 技术

5G 技术是指第五代移动通信技术（5th Generation Mobile Communication Technology，简称 5G），是具有高速率、低时延和大连接特点的新一代宽带移动通信技术，是实现人机物互联的网络基础设施。

5G 作为一种新型移动通信网络，不仅要解决人与人通信，为用户提供增强现实、虚拟现实、超高清（3D）视频等更加身临其境的极致业务体验，更要解决人与物、物与物通信问题，满足移动医疗、车联网、智能家居、工业控制、环境监测等物联网应用需求。

六、AR、VR、MR 技术

（一）AR 技术

AR 是 Augmented Reality 的缩写，意即增强现实。AR 技术是利用计算机生成一种逼真的视、听、力、触和动等感觉的虚拟环境，通过各种传感设备使用户"沉浸"到该环境中，实现用户和环境直接进行自然交互。AR 技术是一种全新的人机交互技术，利用这样一种技术，可以模拟真实的现场景观，它是以交互性和构想为基本特征的计算机高级人机界面。

AR 技术是一种将虚拟信息与真实世界巧妙融合的技术，广泛运用了多媒体、三维建模、实时跟踪及注册、智能交互、传感等多种技术手段，将计算机生成的文字、图像、三维模型、音乐、视频等虚拟信息模拟仿真后，应用到真实世界中，两种信息互为补充，从而实现对真实世界的"增强"。

AR 技术具有三个突出的特点。

（1）真实世界和虚拟世界的信息集成。

（2）具有实时交互性。

（3）在三维尺度空间中增添定位虚拟物体。

AR 技术可广泛应用到军事、医疗、建筑、教育、工程、影视、娱乐等领域。

（二）VR 技术

VR 是 Virtual Reality 的缩写，中文的意思就是虚拟现实，早期译为"灵境技术"。虚拟现实技术是一种能够创建和体验虚拟世界的计算机仿真技术，它利用计算机生成一个三维空间的虚拟世界，提供使用者关于视觉、听觉、触觉等感官的模拟，其实体行为的仿真系统能够使用户沉浸到该环境中。

虚拟现实被认为是多媒体最高级别的应用。它是计算机技术、计算机图形、计算机视觉、视觉生理学、视觉心理学、仿真技术、微电子技术、立体显示技术、传感与测量技术、语音识别与合成技术、人机接口技术、网络技术及人工智能技术等多种高新技术集成之结晶。

（三）MR技术

MR是Mixed Reality的缩写，中文意思是混合现实。

MR是一种利用计算机图像技术、传感技术与可视化穿戴设备等相关技术与设备，实现数字虚拟对象与现实世界对象共存的可视化环境，并能够使用户在对现实世界正常感知的基础上构建虚拟与现实世界的交互反馈回路，达到虚拟世界与现实世界及时与深度的互动。

MR既可将数字对象叠加到现实世界，也可将真实对象虚拟化叠加到虚拟环境，但并不是简单叠加，而是达到虚与实的深度融合，从而形成有机的统一体。

案例

5G+AR 技术在工业中的应用案例

目前，随着机械设备智能化程度的不断提高，其复杂性越来越高，故障维修难度越来越大，严重依赖设备原厂的技术支持和上门服务。但设备厂家受限于地理位置和专业人才数量的限制，服务的及时性和服务质量很难保证。

为了改变这一现状，俊瞳科技提出了AR远程指导整体解决方案。

1.案例简介

本系统是一套基于5G通信和AR显示技术实现的专家在线指导系统，主要应用场景是远程协助。使用时，现场人员穿戴AR眼镜，眼前可以看到一个80寸的大屏幕，头部右侧有高清相机。专家坐在电脑前，可以看到现场的实时画面，同时可以进行动态的空间标记指引，并可以将电脑上的图纸资料投送到现场人员眼前，从而对现场人员进行实时远程指导。专家通过本系统可远程调控现场的PLC、机器人、伺服控制系统等设备，并可以调取到设备的故障历史等资料。

本系统可以用于远程培训、远程检修、远程指挥调度等任何需要专家指导的场景。

远程专家指导

2.方案架构图

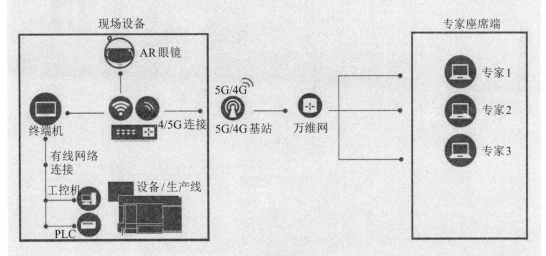

方案架构图

3.核心功能

3.1 AR远程多媒体互动

通过现场人员佩戴的AR眼镜，远程专家可实时看到、听到现场设备情况，现场人员同时可以通过AR虚拟屏幕看到远程专家推送的相关技术资料，双方可实现音、视、图、文字多媒体互动交流，实现远程诊断、指导和维修工作。

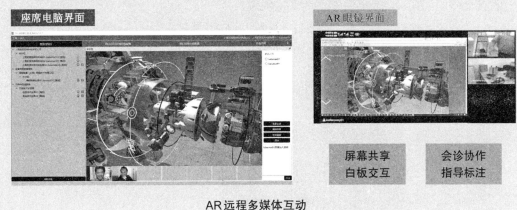

AR远程多媒体互动

3.2 程序远程控制

在处理设备程序故障时，现场人员将终端机的网线插入PLC、数控系统或上位机以太网接口上，远程专家通过远程控制软件即可查看、编写、编译和重新烧录运行设备控制程序。

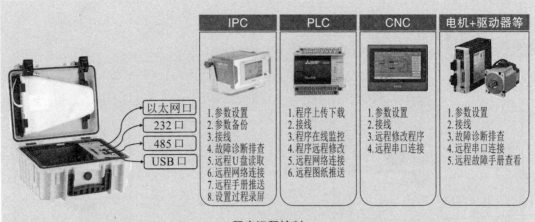

IPC	PLC	CNC	电机+驱动器等
1.参数设置 2.参数备份 3.接线 4.故障诊断排查 5.远程U盘读取 6.远程网络连接 7.远程手册推送 8.设置过程录屏	1.程序上传下载 2.接线 3.程序在线监控 4.程序远程修改 5.远程网络连接 6.远程图纸推送	1.参数设置 2.接线 3.远程修改程序 4.远程串口连接	1.参数设置 2.接线 3.故障诊断排查 4.远程串口连接 5.远程故障手册查看

以太网口
232口
485口
USB口

程序远程控制

3.3 设备信息知识库AR化呈现

扫码呼叫/信息调用
通过扫描设备上的二维码可直接呼叫到设备原厂专家；也可调出此设备的相关信息，如使用说明、配置说明等

AR故障知识库
现场人员可以调取维修相关的说明文档，演示动画进行查看，所有数据和动画显示于眼镜前方，操作一目了然

AR维修记录/离线报修
通过手持设备或AR交互，用户可以快速查看或者上传设备的运维电子记录

设备信息知识库AR化呈现

3.4 现场设备数据AR化

生产线、设备、传感器的运行状态，关键数据，报警信息等都可通过AR眼镜在当前位置显示在眼前，现场人员可以一目了然地了解实时状态，结合物联网的分析预

锚定识别方式

二维码　　彩码　　蓝牙标签　　RFID　　UWB

现场设备数据AR化

测功能，还可以显示设备的健康度，故障预测等信息。让AR眼镜成为一个无处不在的人机界面。

3.5　热成像电路诊断

不同于传统汽车以机械结构为主的产品结构，新能源汽车以电子器件和电路为主，其复杂性和观测可诊断性难度越来越高，这意味着如果电路发生故障，不能仅靠传统的维修方法由维修员通过自己的经验判断。

AR热成像分析系统为工程师提供非接触装置进行线路检测，专家可远程观看现场热分析数据，可以节省差不多3倍以上的时间，并且对于维修者的经验要求也不会那么高。

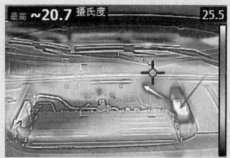

热成像电路诊断

3.6　AR工业内窥镜

不同于传统的手持式内窥镜，AR内窥镜完全眼手合一，只需要一抬眼就可以看到拍摄图像，提高方便性和灵活性。通过AR工业内窥镜检查的是肉眼无法直接接近的区域，属于无损探伤行业中的目视检查方法，并且可以做到不对机械零件等进行拆解。它主要用于检查设备的工作内腔、焊缝表面、导管表面、叶片、涡轮、燃烧室等部件，以及发动机的汽缸、燃料管、油压部件、喷嘴部件，是质量控制与维修检查中不可缺少的检测工具。

AR工业内窥镜

3.7　任务可视化扫码

与传统的指环扫码、手持扫码设备不同，为了让人员可以通过多媒体方式清晰了解出入库任务和每次扫描结果，使用AR显示技术和激光扫码技术可实现出入库任务可视化、远程可指导、过程可监控，极大地提高现场人员工作效率，降低操作门槛。

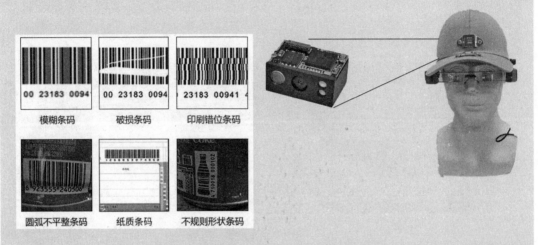

任务可视化扫码

3.8　振动数据可视化分析及预测性维护

传统的设备运维过程对于转动设备的故障分析往往依赖于专家的个人经验，无法通过数据的进行系统性分析，同时无法预测故障的发生。

远修侠提供包括噪声和振动问题从发现到解决的整套方案。

（1）现场人员穿戴AR眼镜，随时可以采集振动数据，并在眼前实时展示振动曲线。专家在电脑端可同时观看现场实时场景画面和振动数据分析。

（2）系统集合了AR技术与振动分析技术，为客户提供多通道数据采集、分析和建模系统。

（3）可进行时域和频域特征分析、统计分析、旋转和往复机械故障诊断、异步电机电流特征分析（MCSA）、阶次分析、超长时间数据记录、模态测试和声信号分析。

（4）自动进行数据整理、分析和建模，以发现故障的根源，直接将数据输出到ME'scope进行建模和模态分析，简单直观的用户界面易于操作。

（5）特征频率计算和显示功能，便于对旋转机械和异步电机进行快速的故障诊断。

（6）使用ME'scope实时分析工作振动变形（ODS），构建预测模型，揭示故障根源，简单明了的项目和用户管理，兼容传感器的非线性行为。

·3个方向的振动测量
·Wi-Fi连接方式
·采样频率最高达到125kHz
·单个三轴传感器测量多个传感器组网
·电脑和手机方便快捷连接
·充电电池可更换式设计，节约成本
·低功耗设计，可持续工作20个小时

振动数据可视化分析及预测性维护

3.9　模拟量数据可视化分析

传统设备大多采用模拟量传感器，设备没有显示屏，不易于调试和点检查看。通过AR技术＋模拟量数据采集系统相结合，实现传感器数据无线读取和实时显示，并提供线性分析功能。专家可在电脑前远程查看现场传感数据，为准确判断提供数据支持。

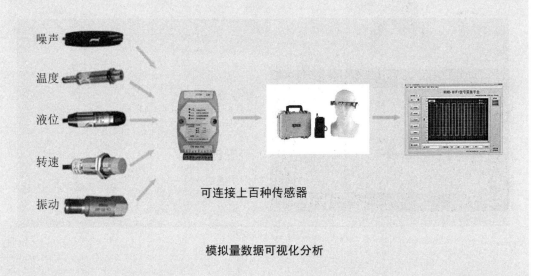

噪声
温度
液位
转速
振动

可连接上百种传感器

模拟量数据可视化分析

4.场景描述

4.1 场景一：设计与生产验证

生产现场端佩戴 AR

应用描述：
专家在电脑前，
通过 AR 远程方式，
完成现场生产工艺质量的
确认和调整。

使用流程：
AR 登录——启用"呼叫专家"——生产质
量进行远程确认验证

质量确认

设计与生产验证

4.2 场景二：设备运行状态确认

生产现场端佩戴 AR

使用流程：
AR 登录——启用"AR 数显"——扫描设备二
维码——显示 设备实时运行数据

处理确认

应用描述：
现场人员通过 AR 浏览各个设备运
行数据，完成设备点巡检工作。

设备运行状态确认

4.3 场景三：设备远程运维/调试

现场人员端佩戴AR

应用描述：
保全在设备供应商专家指导下，进行设备硬件和电气故障的远程排除，恢复设备生产能力。

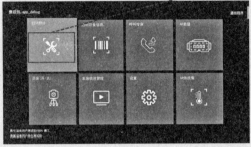

使用流程：
AR登录——启用"扫码保修"——扫描设备二维码——呼叫设备专家——在远程指导下完成设备故障排除和维修

远距离操作

设备远程运维/调试

4.4 场景四：自主排除设备故障

设备保全端佩戴AR

应用描述：
设备故障时保全通过AR眼镜扫码设备故障二维码，在AR眼镜中查看到设备故障内容、维修记录、故障处理办法（视频、PDF、AR SOP）

使用流程：
AR登录——启动"扫码设备信息"——扫码设备故障二维码——查阅设备故障知识库信息，参照此前的维修记录，自主完成对设备的故障诊断和排除

故障知识库

自主排除设备故障

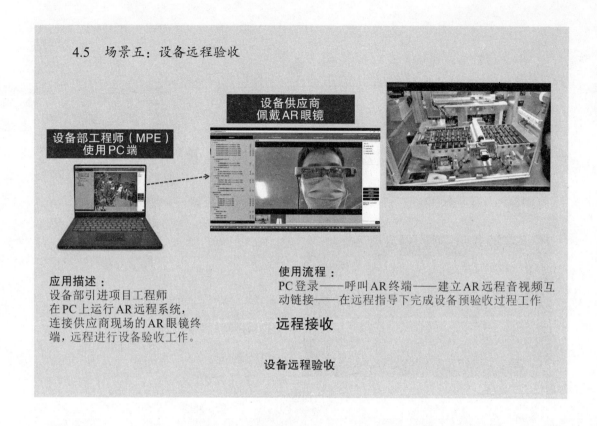

4.5 场景五：设备远程验收

设备供应商
佩戴AR眼镜

设备部工程师（MPE）
使用PC端

应用描述：
设备部引进项目工程师
在PC上运行AR远程系统，
连接供应商现场的AR眼镜终
端，远程进行设备验收工作。

使用流程：
PC登录——呼叫AR终端——建立AR远程音视频互
动链接——在远程指导下完成设备预验收过程工作

远程接收

设备远程验收

第三节 企业如何推进智能制造

 智能制造的发展让很多制造企业看到了发展希望，但是企业盲目地进行智能改造是不对的。想要让智能制造达到预期效果，建议企业在改造之前一定要了解和掌握5项基本原则。

一、正确理解智能制造

 首先你必须了解，目前我国的"智能"还处于初级阶段，以数据采集、数据处理和数据分析为主，通过上述数据收集和分析可以实现闭环反馈。在接下来的发展中，未来几年智能制造将实现自主学习、自主决策和优化提升等功能。另外，我们所说的"智能制造"并不限于单一的生产过程的智能化，而是包括制造业价值链和各个环节在内的整个流程的智能化。

 企业需要知道的是，工业4.0并不简单是机器人的应用和无人工厂的实现，这种说法不正确。建设智能工厂，不只是简单的"机器换人"，还要对智能装备的应用、生产线和装配线的数据采集方式、设备布局和车间物流优化、在制品工序之间的转运方式、生产工艺的改进与优化、材料的创新等进行全方位的考量。智能生产线能够实现柔性自动化，快速切换生产多种产品，或者可以混线生产多种产品，能够实现生产数据、质量数据的自动采集，并实现自动化系统与质量分析系统、MES系统的信息集成。

二、须理解智能制造≠自动化

智能制造是"将制造自动化的概念更新，扩展到柔性化、智能化和高度集成化，区别于流水线、机器化生产"。智能制造的产业链包括智能装备（机器人、数控机床、服务机器人、其他自动化装备）、工业互联网（机器视觉、传感器、RFID、工业以太网）、工业软件（ERP/MES）、3D打印以及将上述环节有机结合的自动化系统集成及生产线集成等。

但是人们对智能制造的概念本身仍十分模糊。这种在概念上尚未明晰的认知情况导致在很长一段时间内，提起智能制造，人们就会说起自动化，似乎搞了自动化生产单元/自动化生产线/无人车间，就等同于搞了智能制造一样。自动化本意是将人从重复、规范的动作中解放出来，通过机器、装置或系统进行重复性的复现和执行，以降低人在反复单一动作中可能出错的概率，因此单纯地将自动化与智能制造挂钩是以偏概全。有观点认为"智能制造就是人工智能在制造业的应用"，这也不准确。

三、正确理解和应用智能制造技术

智能制造技术主要包括物联网、增材制造、云计算、电子商务、EDI（电子数据交换）、PLC、DCS（分布式控制系统）、RFID、数控系统、大数据分析（包括工业大数据）、虚拟现实/增强现实、Digital Twin（数字孪生，包括产品、设备、车间）、工业安全、工业互联网、传感器、云制造和信息集成（EAI——企业应用集成、ESB——企业服务总线）等技术。这里需要大家了解的是，部分技术还处于发展的初期阶段，企业在进行智能改造的过程中应该根据企业具体情况和生产特色合理考量所需。

《智能制造工程实施指南（2016—2020）》指出，针对智能制造感知、控制、决策、执行过程中面临的数据采集、数据集成、数据计算分析等方面存在的问题，开展信息物理系统的顶层设计，研发相关的设计、工艺、仿真、管理、控制类工业软件，推进集成应用，培育重点行业整体解决方案能力，建设软件测试验证平台。智能制造核心支撑软件开发重点如表1-4所示。

表 1-4　智能制造核心支撑软件开发重点

序号	核心支撑软件	开发重点
1	设计、工艺仿真软件	计算机辅助类（CAX）软件、基于数据驱动的三维设计与建模软件、数值分析与可视化仿真软件、模块化设计工具以及专用知识、模型、零件、工艺和标准数据库等
2	工业控制软件	高安全、高可信的嵌入式实时工业操作系统，智能测控装置及核心智能制造装备嵌入式组态软件
3	业务管理软件	制造执行系统（MES）、企业资源管理软件（ERP）、供应链管理软件（SCM）、产品全生命周期管理软件（PLM）、商业智能软件（BI）等
4	数据管理软件	嵌入式数据库系统与实时数据智能处理系统、数据挖掘分析平台、基于大数据的智能管理服务平台等
5	系统解决方案	生产制造过程智能管理与决策集成化管理平台、跨企业集成化协同制造平台，以及面向工业软件、工业大数据、工业互联网、工控安全系统、智能机器、智能云服务平台等集成应用的行业系统解决方案，装备智能健康状态管理与服务支持平台
6	测试验证平台	设计、仿真、控制、管理类工业软件稳定性、可靠性测试验证平台。重点行业CPS关键技术、设备、网络、应用环境的兼容适配、互联互通、互操作测试验证平台

四、建立专业队伍并选择战略合作伙伴

企业需要建立自己的专业队伍，并选择长期的战略合作伙伴推进信息化，这是个系统工程，推进信息化与工业化深度融合是一个更大的系统工程，而推进智能制造更是一个非常复杂的系统工程，涉及诸多工业软件的集成应用，涉及到智能装备应用、设备联网、数据采集、数据分析和业务流程优化，并且需要与精益管理结合起来推进。

因此，制造企业需要建立自身的专业队伍，融合信息化、自动化和管理人才，并选择若干长期的战略合作伙伴，包括咨询服务机构、智能制造的整体集成商、解决方案提供商和服务商等。

五、整体规划以规避风险

智能制造的推进不仅需要解决复杂交错的信息集成问题，还需要处理来源多样的异构数据，因此，制造企业必须充分认识到推进智能制造的复杂性、艰巨性和长期性，做好整体规划，选择符合企业自身特点的实施方案，以有效规避风险。

（1）推进智能制造需要解决更加复杂的、纵横交错的信息集成问题，例如IT系统与自动化系统的信息集成、供应链的数据交换。

（2）推进智能制造需要处理来源多样的异构数据，包括各种来自设备、产品、社交网络和信息系统的海量数据，需要确保基础数据的准确性。

（3）推进智能制造需要企业的 IT 部门、自动化部门、精益推进部门和业务部门，甚至供应链合作伙伴之间的通力合作。

第二章

数字孪生与智能制造

　　数字孪生技术是正在高速发展的新技术，为复杂动态系统的物理信息融合提供了解决思路，是智能制造与智能自动化重要的解决方案之一。随着新一代信息技术与实体经济的加速融合，工业数字化、网络化、智能化演进趋势日益明显，催生了一批制造业数字化转型新模式、新业态，其中数字孪生日趋成为产业各界研究热点，未来发展前景广阔。

第一节　数字孪生概述

一、数字孪生的起源

数字孪生最早可以追溯到2003年密歇根大学Michael Grieves教授的产品全生命周期管理（Product Lifecycle Management，PLM）课程，初期的数字孪生包含三个部分：真实空间、虚拟空间以及两者的数据流连接，如图2-1所示。

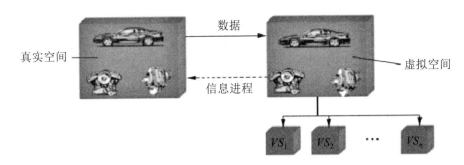

图2-1　数字孪生的构成

而"数字孪生"概念的提出者，是美国空军研究实验室（AFRL，Air Force Research Laboratory）。2011年3月，美国空军研究实验室结构力学部门的Pamela A.Kobryn和EricJ. Tuegel做了一次演讲，题目是"Condition-based Maintenance Plus Structural Integrity（CBM+SI）& the Airframe Digital Twin（基于状态的维护+结构完整性&战斗机机体数字孪生）"，首次明确提到了数字孪生。

当时，AFRL希望实现战斗机维护工作的数字化，而数字孪生是他们想出来的创新方法。

当美国空军意识到数字孪生具有很强实用意义的同时，另一家企业也对数字孪生产生了浓厚的兴趣，它就是美国通用电气公司（GE）。美国通用电气公司在为美国国防部提供F-35联合攻击机解决方案的时候，发现了数字孪生体的价值。

美国通用电气公司，就是美国先进制造战略（美国版的工业4.0）的主要推手。

当时的美国通用，一直在致力于研究工业数字化，以及如何构建工业互联网体系。显然，数字孪生对工业4.0非常有用。

再后来，德国西门子（德国工业4.0的代表企业）也跟着拥抱了数字孪生，将其奉为至宝。

2015年左右，中国也开始跟进。当时包括工业4.0研究院在内的多家国内研究机构和企业，纷纷启动了数字孪生相关的研究课题。

从那之后，数字孪生这个概念，就开始风靡互联网和产业界，直至今日。

二、何谓数字孪生

自 John Vickers 与 Michael Grieves 提出数字孪生以来，学术界从产品设计、制造到全生命周期管理等角度对数字孪生进行了定义，但由于制造系统涉及物理对象的多样性，因此很难给出数字孪生的具体定义。对于不同的物理对象，例如工件、制造设备、工厂和员工，需要匹配不同的数字孪生模型，以配合特定的结构、功能需求和建模策略。表2-1展示了学术界与工业界对数字孪生的相关定义。

表 2-1　学术 / 工业界对数字孪生的定义

机构 / 作者	年份	定义
美国空军研究实验室和 NAS	2011	一种面向飞行器或系统的高集成度、多物理场、多尺度、多概率的仿真模型，能够利用物理模型，传感器数据和历史数据等反映与该模型对应实体的功能、实时状态及演变趋势
Edward Claessgen, David Stargel	2012	数字孪生是一个综合多物理、多尺度、多概率模拟的复杂系统，使用最佳的物理模型，传感器更新，飞行器历史等，镜像其相应飞行器数字孪生的生命
Michael Grieves, John Vickers	2017	数字孪生是从微观原子级到宏观几何级全面描述潜在生产或实际制造产品的虚拟信息结构。构建数字孪生的最佳结果是，任何可以通过检测实际制造产品所获得的信息，都可以从它的数字孪生中获得
庄存波等	2017	产品数字孪生体是指物理实体的工作状态和工作进展在信息空间的全要素重建及数字化映射，是一个集成多物理、多尺度、超写实、动态概率的仿真模型，可用于模拟、监控、诊断、预测、控制产品物理实体在现实环境中的生产过程、状态和行为
陶飞等	2018	数字孪生是产品全生命周期管理（PLM）的一个组成部分，利用产品生命周期中的物理数据、虚拟数据和交互数据对产品进行实时映射
Haag Sebaslian, Anderl Reiner	2018	数字孪生是单个产品的全面数字化表示，利用的模型和数据包括实际生命对象的属性、条件以及行为，数字孪生是一组可以模拟它在已部署环境中实际行为的现实模型

简单地说数字孪生，英文名叫 Digital Twin（数字双胞胎），也被称为数字映射、数字镜像。数字孪生，是充分利用物理模型、传感器更新、运行历史等数据，集成多学科、多物理量、多尺度、多概率的仿真过程，在虚拟空间中完成映射，从而反映相对应的实体装备的全生命周期过程。

DT是一种超越现实的概念，可以被视为一个或多个重要的、彼此依赖的系统的数字映射系统。美国国防部为了维护与保障航空航天飞行器的健康，最早提出并利用了DT技术。

　　数字孪生是源自工业界的概念。在工业制造领域，有一个词叫作"产品生命周期管理"（PLM）。全生命周期，是指数字孪生可以贯穿产品包括设计、开发、制造、服务、维护乃至报废回收的整个周期。它并不仅限于帮助企业把产品更好地造出来，还包括帮助用户更好地使用产品。实时/准实时，是指本体和孪生体之间可以建立全面的实时或准实时联系。两者并不是完全独立的，映射关系也具备一定的实时性。双向，是指本体和孪生体之间的数据流动可以是双向的。并不是只能本体向孪生体输出数据，孪生体也可以向本体反馈信息。企业可以根据孪生体反馈的信息，对本体采取进一步的行动和干预。

三、数字孪生的价值

（一）工业制造

数字孪生起源于工业制造领域。工业制造也是数字孪生的主要战场。

　　在产品研发的过程中，数字孪生可以虚拟构建产品数字化模型，对其进行仿真测试和验证。生产制造时，可以模拟设备的运转，以及参数调整带来的变化。数字孪生能够有效提升产品的可靠性和可用性，同时降低产品研发和制造风险。维护阶段，数字孪生也能发挥重要作用。正如前文所说，美国空军提出数字孪生，就是为了帮助更好地维护战斗机。

　　采用数字孪生技术，通过对运行数据进行连续采集和智能分析，可以预测维护工作的最佳时间点，也可以提供维护周期的参考依据。数字孪生体也可以提供故障点和故障概率的相关信息。

　　数字孪生给工业制造带来了显而易见的效率提升和成本下降，使得几乎所有的工业巨头都开始探索数字孪生。以美国通用公司为例，他们号称自己已经为每个引擎、每个涡轮、每台核磁共振创造了一个数字孪生体（截至2018年，GE已经拥有120万个数字孪生体）。通过这些拟真的数字化模型，工程师们可以在虚拟空间调试、实验，能够让机器的运行效果达到最佳。

　　国内的很多工业科技企业也在数字孪生技术上有所布局，其中包括树根互联、研华科技、软通动力等。

（二）智慧城市

除了工业制造之外，数字孪生和5G、智慧城市也有非常密切的关系。

　　我们知道，5G将开启"万物互联"的时代，它使得人类的连接技术到了前所未有的高度。未来，在5G的支持下，云和端之间可以建立更紧密的连接。这也就意味着，更多的数据将被采集并集中在一起。这些数据，可以帮助构建更强大的数字孪生体。例如，一个数字孪生城市。如今，我们的城市布满了各种各样的传感器、摄像头。借助包括5G在内的物联网技术，这些终端采集的数据可以更快地被提取出来。

在数字孪生城市中，基础设施（水、电、气、交通等）的运行状态，市政资源（警力、医疗、消防等）的调配情况，都会通过传感器、摄像头、数字化子系统采集出来，并通过包括5G在内的物联网技术传递到云端。城市的管理者，基于这些数据，以及城市模型，构建数字孪生体，从而更高效地管理城市。相比于工业制造的"产品生命周期"，城市的"生命周期"更长，数字孪生带来的回报更大。当然，城市数字孪生的部署难度也更大。

事实上，印度海得拉巴，还有我们中国的深圳、雄安，都已经在做这方面的摸索和尝试。大量的投资，正在涌向"智慧城市+数字孪生"的应用场景。

阿里的"城市大脑""数字平行世界"，还有科大讯飞的"讯飞超脑"，都涉及到智慧城市和数字孪生的结合。

（三）基建工程

基建工程也是数字孪生的一个重要应用领域，尤其是对中国来说，引入数字孪生意义更加重大。

在修建高速公路、桥梁等基础设施前，先完成对工程的数字化建模，然后在虚拟的数字空间对工程进行仿真和模拟，评估工程的结构和承受能力，还可以导入流量数据，评估工程是否可以满足投入使用后的需求。在工程交付之后，还可以在维护阶段评估工程是否可以承担特殊情况的压力，以及监测可能出现的事故隐患。

除了上述领域之外，包括医疗、物流、环保等很多场景都适合采用数字孪生技术，应用场景非常广阔。

第二节　数字孪生驱动智能制造

数字孪生技术有时候也用来指代将一个工厂的厂房及产线，在没有建造之前，就完成数字化模型，继而在虚拟空间中对工厂进行仿真和模拟，并将真实参数传给实际的工厂建设（从这层应用上讲，数字孪生功效类似国内提出的半实物仿真技术）。而在工房和生产线建成后的日常运维中，二者继续进行信息交互，贯穿产品全生命周期的全时空。

一、数字孪生在制造业中的应用趋势

（一）数字孪生应用已渗透到资产、车间、企业各个层级

数字孪生应用场景广泛，当前覆盖"智能制造系统"中的产品、生产和商业三大领

域，并朝着全面优化三大领域价值链条的方向发展，如图2-2所示。

 面向产品的数字孪生应用聚焦产品全生命周期优化。如AFRL与NASA合作构建F-15数字孪生体，基于战斗机试飞、生产、检修全生命数据修正仿真过程机理模型，提高了机体维护预警准确度

 面向车间的数字孪生应用聚焦生产全过程管控。如空客通过在关键工装、物料和零部件上安装RFID，生成了A350XWB总装线的数字孪生体，使工业流程更加透明化，并能够预测车间瓶颈、优化运行绩效

 面向企业的数字孪生应用聚焦业务综合评估与管理。如Software AG基于ARIS业务流程建模功能构建了面向企业业务的数字孪生体，并通过模拟评估业务流程预见企业未来的成本和绩效

图2-2　覆盖"NIST智能制造系统"的三大领域

（二）数字孪生应用由虚拟验证向虚实交互的闭环优化发展

数字孪生应用发展历程依次经历虚拟验证、单向连接、智能决策、虚实交互四大阶段，如图2-3所示。

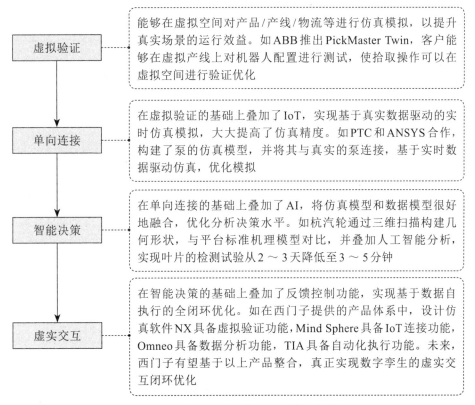

图2-3　数字孪生应用发展历程的四大阶段

二、数字孪生在生命周期不同阶段的形态

数字孪生技术贯穿了产品生命周期中的不同阶段，它同PLM的理念是不谋而合的。可以说，数字孪生技术的发展将PLM的能力和理念，从设计阶段真正扩展到了全生命周期。数字孪生以产品为主线，并在生命周期的不同阶段引入不同的要素，形成了不同阶段的表现形态。

（一）设计阶段的数字孪生

在产品的设计阶段，利用数字孪生可以提高设计的准确性，并验证产品在真实环境中的性能。这个阶段的数字孪生，主要包括如下功能。

1.数字模型设计

使用CAD工具开发出满足技术规格的产品虚拟原型，精确地记录产品的各种物理参数，以可视化的方式展示出来，并通过一系列的验证手段来检验设计的精准程度。

2.模拟和仿真

通过一系列可重复、可变参数、可加速的仿真实验，验证产品在不同外部环境下的性能和表现，在设计阶段就验证产品的适应性。

例如，在汽车设计过程中，由于对节能减排的要求，达索帮助包括宝马、特斯拉、丰田在内的汽车公司利用其CAD和CAE平台3D Experience，准确进行空气动力学、流体声学等方面的分析和仿真。在外形设计中使用数据分析和仿真，可大幅度地提升流线性，减少空气阻力。

（二）制造阶段的数字孪生

在产品的制造阶段，利用数字孪生可以加快产品导入的时间，提高产品设计的质量、降低产品的生产成本和提高产品的交付速度。产品阶段的数字孪生是一个高度协同的过程，通过数字化手段构建起来的虚拟生产线，将产品本身的数字孪生同生产设备、生产过程等其他形态的数字孪生高度集成起来，实现如下的功能。

1.生产过程仿真

在产品生产之前，可以通过虚拟生产的方式来模拟不同产品在不同参数、不同外部条件下的生产过程，实现对产能、效率以及可能出现的生产瓶颈等问题的提前预判，加速新产品导入的过程。

2.数字化产线

将生产阶段的各种要素，如原材料、设备、工艺配方和工序要求，通过数字化的手段集成在一个紧密协作的生产过程中，并根据既定的规则，自动完成在不同条件组合下

的操作，实现自动化的生产过程。同时记录生产过程中的各类数据，为后续的分析和优化提供依据。

3.关键指标监控和过程能力评估

通过采集生产线上的各种生产设备的实时运行数据，实现全生产过程的可视化监控，并且通过经验或者机器学习建立关键设备参数、检验指标的监控策略，对出现违背策略的异常情况进行及时处理和调整，实现稳定并不断优化的生产过程。

例如，寄云科技为盖板电子玻璃产线构建的在线质量监控体系，充分采集了冷端和热端的设备产生的数据，并通过机器学习获得流程生产过程中关键指标的最佳规格，设定相应的SPC监控告警策略，并通过相关性分析，在几万个数据采集点中实现对特定的质量异常现象的诊断分析。

（三）服务阶段的数字孪生

随着物联网技术的成熟和传感器成本的下降，很多工业产品，从大型装备到消费级产品，都使用了大量的传感器来采集产品运行阶段的环境和工作状态，并通过数据分析提前避免产品的故障，提升用户的产品使用体验。这个阶段的数字孪生，可以实现如下的功能。

1.远程监控和预测性维修

通过读取智能工业产品的传感器或者控制系统的各种实时参数，构建可视化的远程监控，并给予采集的历史数据，构建子系统乃至整个设备的健康指标体系，并使用人工智能实现趋势预测。基于预测的结果，对维修策略以及备品备件的管理策略进行优化，降低和避免客户因为非计划停机带来的损失。

2.优化客户的生产指标

对于很多需要依赖工业装备来实现生产的工业客户，工业装备参数设置的合理性以及在不同生产条件下的适应性，往往决定了客户产品的质量和交付周期。而工业装备厂商可以通过采集的海量数据，构建起针对不同应用场景、不同生产过程的经验模型，帮助其客户优化参数配置，以改善客户的产品质量和生产效率。

3.产品使用反馈

通过采集智能工业产品的实时运行数据，工业产品制造商可以洞悉客户对产品的真实需求，不仅能够帮助客户加速新产品的导入过程、避免产品错误使用导致的故障、提高产品参数配置的准确性，更能够精确地把握客户的需求，避免研发决策失误。

例如，寄云科技在为石油钻井设备提供的预测性维修和故障辅助诊断系统，不仅能够实时采集钻机不同关键子系统，如发电机、泥浆泵、绞车、顶驱的各种关键指标数据，更能够根据历史数据的发展趋势，对关键部件的性能进行评估，并根据部件性能预测的结果，调整和优化维修的策略。同时，还能够根据钻机的实时状态的分析，对钻井的效率进行评估和优化，能够有效地提高钻井的投入产出比。

三、智能制造的数字孪生模型

数字孪生模型的目标是实现制造业行业内设计制造方式创新、加工制造效率以及产品质量的提升。

（一）何谓数字孪生模型

数字孪生模型是指以数字化方式在虚拟空间呈现物理对象，即以数字化方式为物理对象创建虚拟模型，模拟其在现实环境中的行为特征，它是一个应用于整个产品生命周期的数据、模型及分析工具的集成系统。对于制造企业来说，它能够整合生产中的制造流程，实现从基础材料、产品设计、工艺规划、生产计划、制造执行到使用维护的全过程数字化。通过集成设计和生产，它可帮助企业实现全流程可视化、规划细节、规避问题、闭合环路、优化整个系统。

（二）数字孪生模型的来源

数字孪生模型是在美国国防部提出的信息镜像模型（Information Mirroring Model）的基础上发展而来的，利用数字孪生技术可对航空航天飞行器进行健康维护与保障。其实现过程是：需要先在虚拟空间中构建真实飞行器各零部件的模型，并通过在真实飞行器上布置各类传感器，实现飞行器各类数据的采集，实现模型状态与真实状态完全同步，这样在飞行器每次飞行后，根据飞行器结构的现有情况和过往载荷，及时分析与评估飞行器是否需要维修，能否承受下次的任务载荷等。

信息镜像模型如图2-4所示，它是数字孪生模型的概念模型，包括三个部分。

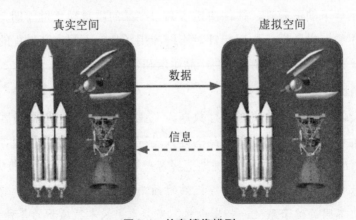

图2-4　信息镜像模型

（1）真实世界的物理产品。

（2）虚拟世界的虚拟产品。

（3）连接虚拟和真实空间的数据和信息。

（三）数字孪生模型的发展

在该模型概念出现后的十多年，无论是物理产品还是虚拟产品，它们的信息在数量、丰富程度以及保真度上都得到了较大的提升。

1.在物理方面

在物理方面，现在可以收集更多关于物理产品特征的信息，可以从自动质量控制工位获取所有类型的物理测量数据，比如三坐标测量仪，也可以从对物理零部件实际操作的机器上收集数据，以便更加精确地理解各个操作流程，比如所使用的速度和力等。

2.在虚拟方面

在虚拟方面，有大量的可用信息，增加了大量的行为特征，从而不仅可以虚拟化、可视化产品，并且可以对其性能进行测试，同时也具有创建轻量化虚拟模型的能力，这意味着我们可以选择所需要的模型的几何形状、特征以及性能而去除不需要的细节。这大大减小了模型尺寸，从而加快了处理过程。这些轻量化模型使得今天的仿真产品可以虚拟化并实时地以合适的计算成本来仿真复杂系统以及系统的物理行为。这些轻量化模型同时也意味着与它们通信的时间和成本也大大地减少。更重要的是，我们可以仿真产品的制造环境，包括构成制造过程的大部分自动和手动操作，这些操作包括装配、机器人焊接、成型、铣削等。

（四）数字孪生模型的技术基础

数字孪生模型不是一种全新的技术，它具有现有的虚拟制造、数字样机等技术的特征，并以这些技术为基础发展而来。

1.VMT虚拟制造技术

VMT（Virtual Manufacturing Technology，虚拟制造技术）是由多学科先进知识形成的综合系统技术，以虚拟现实和仿真技术为基础，对产品的设计、生产过程统一建模，在计算机上实现产品从设计、加工和装配、检验、使用及回收整个生命周期的模拟和仿真，从而无需进行样品制造，在产品的设计阶段就可模拟出产品及其性能和制造流程，以此来优化产品的设计质量和制造流程，优化生产管理和资源规划，以达到产品开发周期的缩短和成本的最小化，产品设计质量的最优化，生产效率的最高化之目的。

VMT虚拟制造技术的应用主要体现在以下四个方面，如图2-5所示。

当各企业本身无法单独满足市场需求、迎接市场挑战，为了快速响应市场的需求，围绕新产品开发，利用不同地域的现有资源、不同的企业或不同地点的工厂，重新组织一个新公司。该公司在运行之前，必须分析组合是否最优，能否协调运行，并对投产后的风险、利益分配等进行评估。这种联作公司称为虚拟公司，或者叫动态联盟，是一种虚拟企业，它是具有集成性和实效性两大特点的经济实体

飞机、汽车的设计过程中，会遇到一系列问题，如：其形状是否符合空气动力学原理，内部结构布局是否合理，等等。在复杂管道系统设计中，采用虚拟技术，设计者可以"进入其中"进行管道布置，并可检查能否发生干涉。美国波音公司投资上亿美元研制波音喷气式客机，仅用一年多时间就完成了研制，一次试飞成功，投入运营。波音公司分散在世界各地的技术人员可以从客机数以万计的零部件中调出任何一种在计算机上观察、研究、讨论，所有零部件均是三维实体模型。可见虚拟产品设计给企业带来的效益

应用计算机仿真技术，对零件的加工方法、工序顺序、工装和工艺参数以及加工工艺性、装配工艺性等均可建模仿真，可以提前发现加工缺陷，提前发现装配时出现的问题，从而能够优化制造过程，提高加工效率

产品生产过程的合理制定，人力资源、制造资源、物料库存、生产调度、生产系统的规划设计等，均可通过计算机仿真进行优化。同时还可对生产系统进行可靠性分析。对生产过程的资金和产品市场进行分析预测，进而对人力资源、制造资源进行合理配置，对缩短产品生产周期、降低成本意义重大

图2-5　VMT虚拟制造技术的四个应用

2.数字样机

数字样机，是指在计算机上表达的机械产品整机或子系统的数字化模型，它与真实物理产品之间具有1∶1的比例和精确尺寸表达，其作用是用数字样机验证物理样机的功能和性能。

数字样机技术是以CAX/DFX技术为基础，以机械系统运动学、动力学和控制理论为核心，融合虚拟现实、仿真技术、三维计算机图形技术，将分散的产品设计开发和分析过程集成在一起，使产品的设计者、制造者和使用者在产品的早期可以直观形象地对数字化的虚拟产品原型进行设计优化、性能测试、制造仿真和使用仿真，为产品的研发提供全新的数字化设计方法。

产品的数字样机形成于产品设计阶段，可应用于产品的全生命周期，具体包括工程设计、制造、装配、检验、销售、使用、售后、回收等环节。数字样机在功能上可实现

产品干涉检查、运动分析、性能模拟、加工制造模拟、培训宣传和维修规划等。

（五）数字孪生模型建立的必要性

虚拟产品和物理产品的信息数量和质量均在快速进步，但真实空间和虚拟空间的双向沟通却是落后的。目前通用的方式是先构建一个全标记的3D模型，随后创建一个制造流程来实现这个模型，具体是通过一个工艺清单（BOP，Bill of Process）以及制造物料清单（MBOM，Manufacturing Bill of Materials）来实现。更加复杂和先进的制造商将对生产过程进行数字化仿真。但在，在这个阶段，只是简单地将BOP和MBOM传递给制造而不是虚拟模型。在目前大多数情形下，甚至淡化了模型的作用，仅仅只是使用模型生成制造现场的2D蓝图。

但是，数字孪生模型更加强调了物理世界和虚拟世界的连接作用，从而做到虚拟世界和真实世界的统一，实现生产和设计之间的闭环。如图2-6所示，可通过3D模型连接物理产品与虚拟产品，而不只是在屏幕上进行显示，3D模型中还包括从物理产品获得的实际尺寸，这些信息可以与虚拟产品重合并将不同点高亮，以便于人们观察、对比。

"工四100术语"对数字孪生模型的定义是：数字孪生模型是充分利用物理模型、传感器更新、运行历史等数据，集成多学科、多物理量、多尺度、多概率的仿真过程，在虚拟空间中完成映射，从而反映相对应的实体装备的全生命周期过程。数字孪生模型是一种超越现实的概念，可以被视为一个或多个重要的、彼此依赖的装备系统的数字映射系统。

图2-6　可进行虚拟产品与物理产品对比的3D模型

（六）数字孪生模型在制造中的作用

1.预见设计质量和制造过程

传统模式下，在产品设计完成后必须先制造出实体零部件，才能对设计方案的质量和可制造性进行评估，这不仅使成本增加，并且使产品研发周期增长，而通过建立数字孪生模型，任何零部件在被实际制造出来之前，都可以预测其成品质量，判断其是否存在设计缺陷，比如零部件之间的干扰、设计是否符合规范等。通过分析工具找到产生设计缺陷的原因，并直接在数字孪生模型中修改相应的设计，再重新进行质量预测，直到问题得以解决。

在实际制造系统中，只有当全部流程都无差错时，生产才能得以顺利开展。通常在试用之前要将生产设备配置好，以实现流程验证，判断设备是否正常运转。然而，在这个时候才发现问题可能会引起生产延误，并且这时解决问题所需要的费用将远远高于流程早期。

当前自动化技术应用广泛，最具颠覆性意义的是用机器人来替代工作人员的部分工作，投入机器人的企业必须评估机器人能否在生产过程中准确地执行人的工作，机器人的大小和工作范围是否会对周围的设备产生干涉，以及它会不会伤害到附近的操作员。机器人的投入成本较大，因此十分有必要在初期便对这些问题进行验证。

较为高效的途径是建立与制造流程对应的数字孪生模型，其具备所有制造过程细节，并可在虚拟世界中对制造过程进行验证。当验证过程中出现问题时，只需要在模型中进行修正即可，比如机器人发生干涉时，可以通过调整工作台的高度、反转装配台和输送带的位置等来更改模型，然后再次进行仿真，确保机器人能正确达到任务目标。

通过使用数字孪生模型，在设计阶段便能预测产品性能，并能根据预测结果加以改进、优化，而且在制造流程初期就能够了解详细信息，进而展开预见，确保全部细节均无差错，这有极大的意义，因为越早知道如何制造出色的产品，就能越快地向市场推出优质的产品，抢占先机。

2.推进设计和制造高效协同

随着现代产品功能复杂性的增加，其制造过程也逐渐复杂，对制造所涉及的所有过程均有必要进行完善的规划。一般情况下，过程规划是设计人员和制造人员基于不同的系统而独立开展的工作。设计人员将产品创意传达给制造部门，再由他们去考虑应该如何合理地制造。这样容易导致产品的信息流失，使得制造人员很难看到实际状况，出错的概率增大。一旦设计发生变更，制造过程将会出现一定的滞后，数据无法及时更新。

在数字孪生模型中，对需要制造的产品、制造的方式、资源以及地点等各个方面可以进行系统的规划，将各方面关联起来，实现设计人员和制造人员的协同。一旦发生设计变更，可以在数字孪生模型中方便地更新制造过程，包括更新面向制造的物料清单，创建新的工序，为工序分配新的操作人员，并在此基础上进一步将完成各项任务所需的时间以及所有不同的工序整合在一起，进行分析和规划，直到产生满意的制造过程方案。

除了过程规划之外，生产布局也是复杂的制造系统中的重要工作。

一般的生产布局图是用来设置生产设备和生产系统的二维原理图和纸质平面图，设计这些布局图通常需要大量的时间精力。由于现今竞争日益激烈，企业需要不断地向产品中加入更好的功能，并以更快的速度向市场推出更多的产品，这意味着制造系统需要持续扩展和更新，但静态的二维布局图缺乏智能关联性，修改起来又会耗费大量时间，制造人员难以获得有关生产环境的最新信息，因而难以制定明确的决策和及时采取行动。

然而，借助数字孪生模型可以设计出包含所有细节信息的生产布局图，包括机械、自动化设备、工具、资源甚至是操作人员等各种详细信息，并将之与产品设计进行无缝关联。比如在一个新的产品制造方案中，所引入的机器人干涉了一条传送带，布局工程师需要对传送带进行调整并发出变更申请，当发生变更时，同步执行影响分析来了解生产线设备供应商中，哪些会受到影响，以及对生产调度会产生怎么样的影响，这样在设置新的生产系统时，就能在需要的时间内获得正确的设备。

基于数字孪生模型，设计人员和制造人员实现协同，设计方案和生产布局实现同步，这些都大大提高了制造业务的敏捷度和效率，帮助企业应对更加复杂的产品制造挑战。

3.确保设计和制造准确执行

如果制造系统中的所有流程都准确无误，生产便可以顺利开展，但万一生产进展不顺利，由于整个过程非常复杂，制造环节出现问题并影响产出的时候，很难迅速找出问题所在。最简单的方法是在生产系统中尝试用一种全新的生产策略，但是面对众多不同的材料和设备选择，清楚地知道哪些选择将带来最佳效果又是一个难题。

针对这种情况，可以在数字孪生模型中对不同的生产策略进行模拟仿真和评估，结合大数据分析和统计学技术，快速找出有空档时间的工序。调整策略后再模拟仿真整个生产系统的绩效，进一步优化实现所有资源利用率的最大化，确保所有工序上的所有人都尽其所能，实现盈利能力的最大化。

为了实现卓越制造，必须清楚了解生产规划以及执行情况。企业通常难以确保规划和执行都准确无误，并满足所有设计需求，这是因为如何在规划与执行之间实现关联，如何将从生产环节收集到的有效信息反馈至产品设计环节，是一个很大的挑战。

利用数字孪生模型可以搭建规划和执行的闭合环路，将虚拟生产世界和现实生产世界结合起来，具体而言，就是集成PLM系统、制造运营管理系统以及生产设备。过程计划发布至制造执行系统之后，利用数字孪生模型生成详细的作业指导书，并与生产设计全过程进行关联，这样一来，如果发生任何变更，整个过程都会进行相应的更新，甚至还能从生产环境中收集有关生产执行情况的信息。

此外还可以使用大数据技术直接从生产设备中收集实时的质量数据，将这些信息覆盖在数字孪生模型上，对设计和实际制造结果进行比对，检查两者是否存在差异，找出产生差异的原因和解决方法，确保生产能完全按照规划来执行。

四、数字孪生在智能制造的典型应用场景

数字孪生作为实现物理工厂与虚拟工厂的交互融合的最佳途径，被国内外相关学术界和企业高度关注，并在应用方面进行了积极深度的探索，且取得了不错的成效。

工信部发布了《数字孪生应用白皮书（2020版）》，该白皮书由工信部中国电子技术标准化研究院联合20余家数字孪生领域开发商、集成商、科研院所、高校共同编写，梳理数字孪生技术和产业应用发展状况，分析数字孪生技术热点、行业动态和未来趋势。该白皮书讲到了数字孪生在智能制造领域的主要应用场景有产品研发、工艺规划与生产过程管理以及设备维护与故障预测，如图2-7所示。

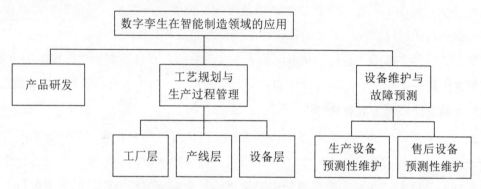

图2-7　数字孪生在智能制造领域的主要应用场景

（一）数字孪生应用于产品研发

在传统的研发设计方式下，纸张、3D、CAD是主要的产品设计工具，其建立的虚拟模型是静态的，物理对象的变化无法实时反映在模型上，也无法与原料、销售、市场、供应链等产品生命周期数据打通；对新产品进行技术验证时，要将产品生产出来，进行重复多次的物理实验，才能得到有限的数据。传统的研发设计具有研发周期长，成本造价高昂的特点。

数字孪生突破物理条件限制，可以以更少的成本和更快的速度迭代产品和技术。其不仅支持三维建模，实现无纸化的零部件设计和装配设计，还能进行虚拟实验，能指导、简化、减少甚至取消物理实验。如马斯克的弹射分离实验，通过采用NASA大量公开数据和数字孪生技术，在计算机上通过建模仿真分析强力弹簧的弹射、弹射螺栓，没有做一次物理实验，最后弹射螺栓分离成功，火箭外壳的回收大幅度降低了发射的价格。类似的案例还有如风洞试验、飞机故障隐患排查、发动机性能评估等。数字孪生不仅缩短了产品的设计周期，提高了产品研发的可行性、成功率，减少危险，大大降低了试制和测试成本。

（二）数字孪生应用于工艺规划和生产过程管理

随着多品种、小批量生产的需求越来越强，企业必须对生产制造过程进行规划，对排期的精准性和灵活性以及对产品质量追溯的要求越来越高，而大部分企业信息系统之间数据未打通，依赖人工进行排期和协调。数字孪生技术可以应用于生产制造过程，从设备层、产线层到车间层、工厂层等不同的层级，贯穿生产制造的设计、工艺管理和优化、资源配置、参数调整、质量管理和追溯、能效管理、生产排程等各个环节，对生产过程进行仿真、评估和优化，系统地规划生产工艺、设备、资源，并能利用数字孪生技术实时监控生产工况，及时发现和应对生产过程中的各种异常和不稳定性，促进智能化实现降本、增效、保质的目标满足环保的要求。

（三）数字孪生应用于设备维护和故障预测

传统的设备运维模式下，当设备发生故障时，要经过"发现故障——致电售后服务人员——售后到场维修"系列流程，客户对设备知识的不了解、与设备制造商之间的沟通障碍往往导致故障无法及时解决。解决这一问题的方法在于将依赖客户呼入的"被动式服务"转变为主机厂主动根据设备健康状况提供服务的"主动式服务"。数字孪生提供物理实体的实时虚拟化映射，设备传感器将温度、振动、碰撞、载荷等数据实时输入数字孪生模型，使数字孪生的环境模型与实际设备工作环境变化保持一致，通过数字孪生在设备出现状况前提早进行预测，以便在预计停机时间内更换磨损部件，避免意外停机等。

第三节　基于数字孪生的智能制造架构

伴随着现代信息技术深层次运用于制造业，进一步将物理工厂及其业务流程映射到虚拟数字化环境中，形成基于数字线索的局部生产流程模拟仿真或所有模拟工厂行为的数字孪生，并运用集成化现代信息技术设计、模拟仿真和优化整个生产流程与性能，提前在数字化空间处理实际生产制造物理流程中将会出现的问题已经成为生产制造数字化和智能化的发展方向。

一、智能制造的整体架构

智能制造整体架构主要包含企业联盟层、企业管理层、生产管理层和控制执行层四个业务流程层的主体要素、主要功能、核心业务流程及各业务流程层之间的内在联系（如图2-8所示）。

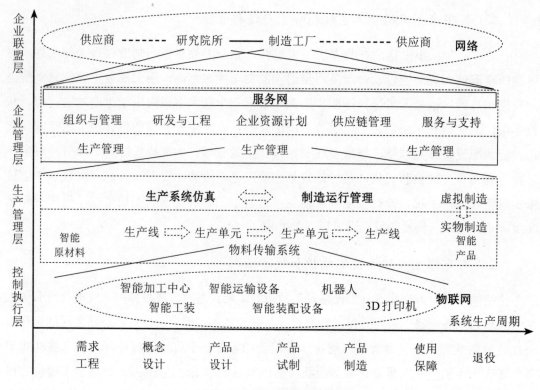

图2-8　智能制造整体架构

企业联盟层涉及到内、外部资源协作网络的动态性组织；企业管理层涉及到新产品研发、企业资源计划和企业业务管理；生产管理层涉及到计划排产、生产调度和生产流程安全保障；控制执行层涉及到生产制造现场及设施的流程感知、流程监测和流程控制。

智能制造整体架构包含了产品全生命周期维度和生产制造全生命周期维度的集成化，从产品研发、需求工程、产品设计到快速原型制造环节，通过数字化环境中的层次化建模与模拟仿真分析，逐步形成价值链规划、工厂和生产线配置实施方案。

二、生产制造全生命周期的业务架构

（一）生产制造生命周期的定义

2016年2月，美国国家标准与技术研究所（NIST）工程实验室系统集成部门发表了《智能制造操作系统现行标准体系》的汇报。如图2-9所示，这份汇报将未来美国智能制造操作系统分成产品、生产系统和业务流程三个生命周期，重点关注从各类机器、设施、辅助操作系统和资源方面构建商品和服务的"生产系统"，并提供了生产系统全生命周期是整个生产制造设施及其操作系统的设计、部署、运行和退役情况的标准化定义。在该汇报中将典型的生产系统全生命周期环节，分成设计、构建、服役、运行维护、退役回收五个层面，同时支持生产制造全生命周期活动领域的标准化，包含生产系统实体模型数据和实践、生产制造系统工程、生产制造系统维护和全生命周期数据管理等。

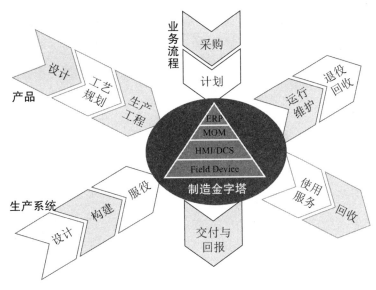

图2-9　典型的生产系统全生命周期环节

（二）生产制造全生命周期的具体内容

在图2-10所示的智能制造实体模型中，三条主线（产品全生命周期、生产系统全生命周期、业务流程全生命周期）在生产制造金字塔处形成交叉，该金字塔运用ISA-95标

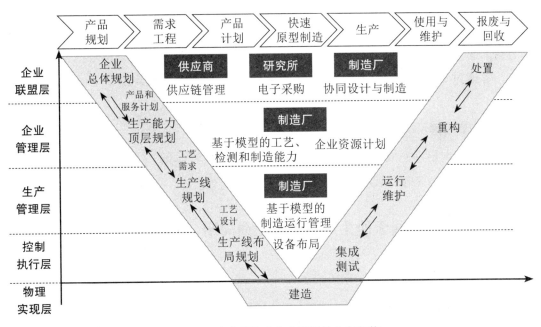

图2-10　生产制造全生命周期的业务架构

准，紧紧围绕生产制造流程的所有管理及加工具体内容。在产品全生命周期、生产制造全生命周期和业务流程形成的价值链集成基础上，结合工业智能制造架构，构建了如图2-10所示的生产制造全生命周期的业务架构，它将传统的由于设计、工艺和生产制造等业务割裂，而形成生产制造全生命周期业务流程及其支撑操作系统的离散状况，转变为生产制造业务全流程及其支撑操作系统的无缝集成的生产制造全生命周期，其业务架构分成五个层面。

1.企业联盟层

在企业联盟层，生产企业通过企业总体规划，以生产制造的业务流程为纽带，把遍布于各个地区的企业、供应商和客户乃至竞争对手联结成一个整体，创建跨地域的设计、生产制造和经营管理的企业联盟，寻求更大范围的资源优化配置。

2.企业管理层

在企业运营管理层，生产企业根据总体规划展开设计、工艺、检验、加工、资源（人财物）等生产要素的综合分析，评估生产能力，制订顶层的生产制造服务计划，并集成运营、战略、绩效等管理信息，最终形成指导生产制造的企业资源计划。

3.生产管理层

在生产管理层，依据企业资源和生产规划，展开生产流水线规划与设计，涉及到从原材料进入由工艺机器设备、物流系统、操作工作人员、能源动力等组成的生产制造操作系统，到通过不同的工序或技术处理，形成符合设计要求的产品全流程。

4.控制执行层

在控制执行层，依据生产流水线规划，展开以实体模型为核心的生产系统监管流程。即运用工业互联网和传感器实现机器设备、操作系统和工作人员的状态数据采集和数据共享，并通过分析管理决策形成优化指令驱动智能设备、物流系统和工作人员的操作行为。

5.物理实现层

在物理实现层，完成支持生产制造全生命周期中生产车间、生产流水线等各项业务及其流程的操作系统/机器设备等的搭建工作。

三、基于数字线索的生产制造全生命周期

（一）数字线索

数字线索（Digital Thread）是构建和应用反应复杂性产品物理学特征的、跨领域的、

公共的数字化替身（模型仿真、试验模型、工艺模型和检测模型等），支持模型信息内容在物理学空间与数字化空间的双向沟通，一方面确保从基于专业能力的规划、方案分析、工程项目和生产制造开发、生产制造和部署，到运行和支持的全生命周期数据、模型和信息内容的不断统一，从而实现了动态性、实时分析产品当下及将来的功能和性能，另一方面将物理学空间的信息反馈到虚拟的新产品开发之中，并构建支持跨地域协议接口的、与工程项目专业知识管理系统集成的统一技术框架，提供一个集成的复杂性组织体视角，加强对产品性能的界限和不可预测性的定性分析和核对，有效地支持设备全生命周期中核心决策点的决策，大幅降低复杂系统开发全生命周期各环节迭代的时间和成本。

数字线索紧紧围绕复杂性产品全生命周期实体模型的表述和归类等展开探究，实现了全业务流程中数据、流程及分析的结构化分类管理，形成贯穿全生命周期的流程、实体模型、分析方法及应用工具，支持以下工作。

（1）在基本概念层面应用架构方式，实体模型化表述运行基本概念、复杂性产品功能及需求之间的多层面、多视角及多组织的一致性了解，实现了在复杂性产品研制开发前提前校验和核对客户需求，预判未来复杂性产品功能要求的满意度。

（2）在需求层面，承接复杂性产品功能，展开复杂性产品运转目的/情景、需求定位与管理、功能分析与建模、设计综合及校验核对等业务的探究，提升需求管理和复杂性产品架构管理能力。

（3）在研制开发层面，将模拟仿真分析数据，传输到产品几何模型上，再传输到生产系统生产加工成物理产品，最后再将生产现场信息反馈到产品定义实体模型中，优化设计与仿真模型。

（二）生产制造全生命周期的核心——基于数字线索

在虚拟环境中重现生产系统，促使生产系统的数字空间实体模型和物理空间实体模型处在实时交互中，并能及时对彼此之间的动态变化做出回应，是构建生产制造全生命周期的重要内容。生产制造全生命周期的核心是基于数字线索运用数字孪生技术对动态企业联盟、生产能力规划、生产线设计和现场机器设备布局等业务流程进行无缝集成、完善优化以及战略管理。如图2-11所示，运用企业（供应链）、生产流水线（生产车间）和工艺流程（机器设备）的数字仿真模型来定义、执行、控制和管理企业生产过程，并运用科学的模拟与分析工具，在生产制造全生命周期的每一步做出最佳管理决策，从源头上降低生产制造时间和成本。

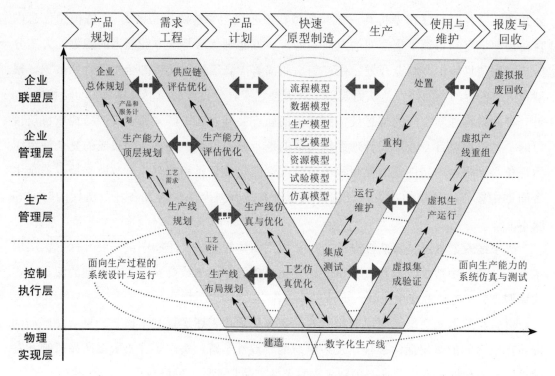

图2-11 基于数字线索的生产制造全生命周期

第四节 MOM——数字孪生制造系统大脑

一、何谓MOM制造运营管理

MOM（Manufacturing Operation Management，制造运营管理）是美国仪器、系统和自动化协会（ISA，Instrumentation，System and Automation Society）于2000年开始发布的ISA-95标准中首次确立的概念，该标准针对更广义的制造运管理划定边界，并将此作为该领域的通用研究对象和内容，并构建通用活动模型应用于生产、维护、质量和库存4类主要运行区域，详细定义了各类运行系统的功能及各功能模块之间的相互关系（见图2-12）。

MOM制造运营管理聚合了从控制、自动化以及SCADA系统出来的海量数据并将其转换成关于生产运营的有用信息。通过结合自动化数据和从员工以及其他过程所获取到的数据，MOM制造运营管理提供了一个更完整、实时的对所有工厂以及更多的是整个供应链的观察。

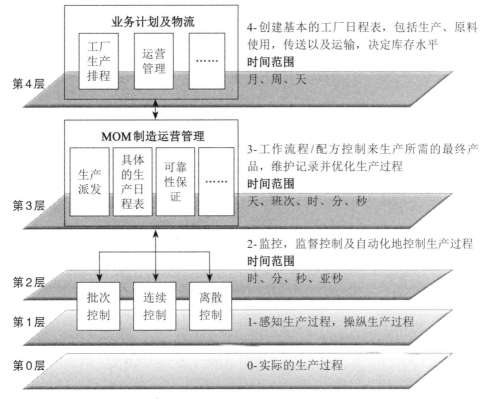

图2-12 MOM制造运营管理的四个层次

ISA标准中描述了一个通用的生产活动模型（如图2-13所示），被认为是代表所有制造业的生产控制、品质、维护和库存运作。

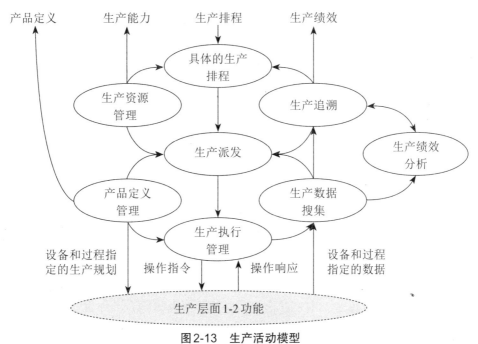

图2-13 生产活动模型

MOM将维护运行管理、质量运行管理和库存运行管理与生产运行联系起来，并详细定义了各类运营管理的功能及各功能模块之间的相互关系，在下游行业的实际应用中，以整体解决方案的方式面向客户的具体需求，具有更强的针对性和有效性，如图2-14所示。

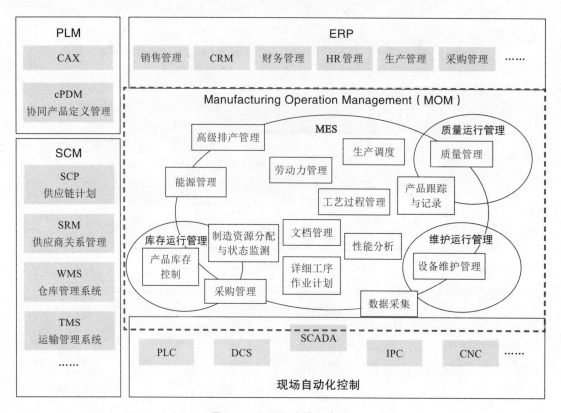

图2-14　MOM边界示意图

二、MOM位于智能制造的核心交汇环节

如图2-15所示，MOM位于产品生命周期轴、企业信息化轴、价值链轴的核心交汇环节，必须避免制造运营管理相关信息系统的碎片化，建议建立统一的MOM平台，作为数字孪生工厂的大脑。

其中，MOM平台是数字孪生工厂的大脑，负责计划的制订、所有过程数据的采集、生产资源分配、物料配送、质量控制等资源调度，确保生产资源的自动优化和高效利用。通过由下至上的数据流，实现物理工厂到数字工厂的实时数据采集和映射。通过由上至下的数据流，实现数字工厂对物理工厂的动态优化和调度，如图2-16所示。

对于自动化的产线/设备，更多是接收指令与工艺参数，并进行自动化生产，可以认为更多地替代了人的体力劳动，是生产制造的执行机构。如果说自动化更大程度上是为

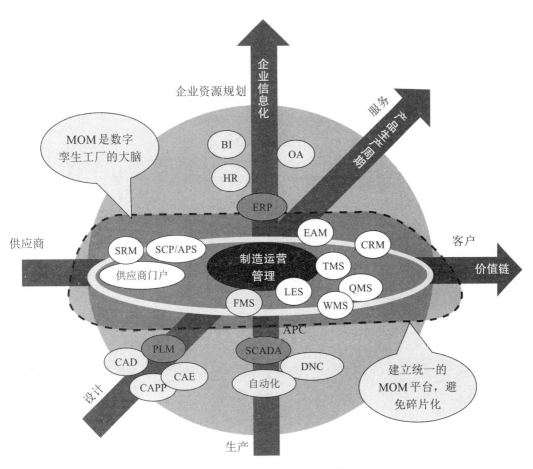

图2-15　避免制造运营管理信息系统碎片化

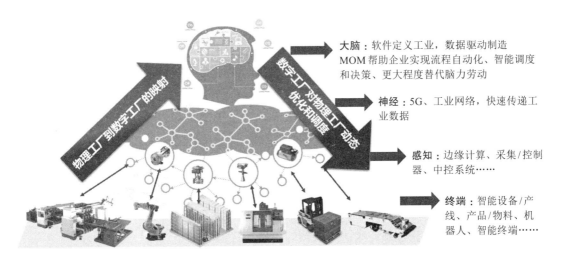

图2-16　MOM驱动制造，是制造系统的大脑

了替代体力劳动，那么MOM/MES是为了更多地替代脑力劳动。自动化更多地关注局部的优化，那么MOM/MES更多地关注制造系统整体的优化。

MOM/MES并不替代传统的PLM（产品生命周期管理）、ERP（企业资源规划）、IIoT（工业物联网）系统，而是与PLM、ERP、IoT是互补的关系。图2-17展示了MOM/MES与PLM、ERP、IoT系统之间的关系，并展示了部分智能化支撑手段的业务场景。

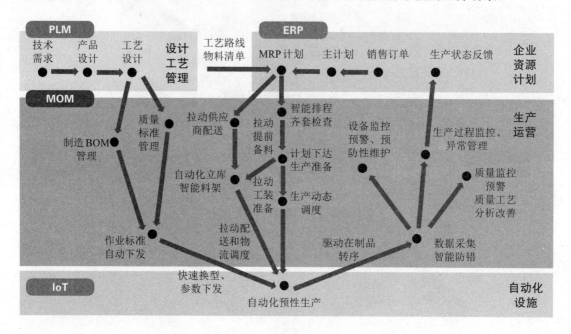

图2-17　MOM/MES与PLM、ERP、IoT的关系

三、MOM之于数字化与智能制造的实践

MOM概念的提出，比工业4.0、智能制造等新概念早了近十年，却是在这些新概念被提出之后，由于被部分企业所采用和付诸实践，才逐渐被业界所关注。

（一）国外MOM的倡导与践行

在MOM的倡导与践行者之中，不乏罗克韦尔、Wonderware、Dassault、西门子等知名软硬件供应商。早在2012年，西门子公司就开始系统地将其SIMATICIT从MES向MOM进行扩展，增加安全管理、能源管理、环境管理、质量管理等一系列功能模块，打造集成软件平台，为全面提升制造企业整体管理体系提供综合解决方案。如今，MOM已经成为西门子数字化企业战略中不可或缺的重要组成部分。

无独有偶，西门子在工业软件领域的老对手Dassault也是MOM的倡导者。2013年7月，达索以2.05亿美元收购美国MES软件及解决方案供应商Apriso，并将其并入

DELMIA旗下，以补全自身在制造领域的短板，并宣称其基于Apriso的解决方案不限于MES的功能，而是能够帮助客户实现对于制造运行的全面管控的生产运营管理（MOM）解决方案。

2016年2月，美国国家标准与技术研究院（NIST）在发布的《智能制造系统现行标准体系》报告中定义了智能制造系统模型，其中也用MOM取代了MES，意味着美国对于制造运营管控认知的全面升级（见图2-18）。

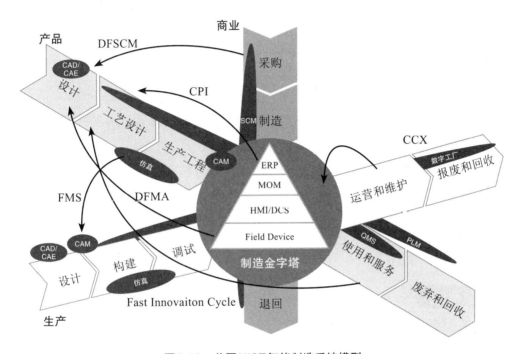

图2-18　美国NIST智能制造系统模型

NIST智能制造生态系统模型涵盖制造系统的广泛范围，包括业务、产品、管理、设计和工程功能。模型给出了智能制造系统的三个维度，每个维度（如产品、生产系统和业务）代表独立的全生命周期。制造金字塔是其核心，三个生命周期在这里汇聚和交互。

（1）第一维度：产品维度。产品维度涉及信息流和控制，智能制造生态系统SMS下的产品生命周期管理包括6个阶段，分别是设计、工艺设计、生产工程、制造、使用和服务、废弃和回收。

（2）第二维度：生产维度。生产维度是指生产系统生命周期维度，它关注整个生产设施及其系统的设计、部署、运行和退役。"生产系统"在这里指的是从各种集合的机器、设备和辅助系统组织和资源创建商品和服务。

（3）第三维度：商业维度。商业维度是指供应链管理的商业周期维度，它关注供应商和客户的交互功能，电子商务在今天至关重要，使任何类型的业务或商业交易，都会涉及到利益相关者之间的信息交换。制造商、供应商、客户、合作伙伴，甚至是竞争对手之间的交互标准，包括通用业务建模标准，制造特定的建模标准和相应的消息协议，这些标准是提高供应链效率和制造敏捷性的关键。

（4）制造金字塔。智能制造生态系统的核心，产品维度、生产维度和商业维度都在"制造金字塔"聚集和交互。每个维度的信息必须能够在金字塔内部上下流动，为制造金字塔从机器到工厂，从工厂到企业的垂直整合发挥作用。沿着每一个维度，制造业应用软件的集成都有助于车间层面提升控制能力，并且优化工厂和企业决策。这些维度和支持维度的软件系统最终构成了制造业软件系统的生态体系。

（二）国内MOM的发展

国内MES供应商对于MOM理念的认知，也在进行探索和实践中。例如，武汉艾普工华推出了"MOM套件"，聚焦制造企业整体运营管理，并将其认定为数字化工厂整体解决方案的核心。

MOM在实践层面上，未来仍有很大的发展与提升的空间。例如针对维护运行、质量运行、库存运行管理的软件系统与功能的优化，诸如排产管理等MES高级应用功能模块提升与强化，以及MOM与其他软件系统之间集成与互联，都是MOM未来发展的方向。

 **案例**

助力数字孪生制造及快速转型的智能制造方案

安泰智和科技立足我国SMT中小企业实际经营状况，自主开发出一套贴片业务平台，通过云端制造模型的建立和自研的多种数据接口，将设备、人员、方法、质量数据等离散数据提炼转化运营，有效提升电子产品全生命周期管理的效率。平台系统涵盖CRM客户管理、RD研发、PD制造、SE售后等各个环节，帮助中小企业一站式建立数字孪生制造中心，快速转型智能工厂。

1.平台系统简单介绍

平台系统以物料为中心，以产品工艺路线为基础，以精益生产为指导思想，包含八大核心模块，贯穿企业管理的各个环节：销售环节、物料采购、SMT车间控制、WMS仓库管理、DIP和组包管理等。

系统以产品BOM（Bill of Material，物料清单）为基础，匹配工厂习惯，自动定义以"工厂"+"客户"+"物料编码"+*作为唯一身份号码，并辅助信息化/自动化手段，贯穿物料工厂生命周期，形成有效的全面质量管理。

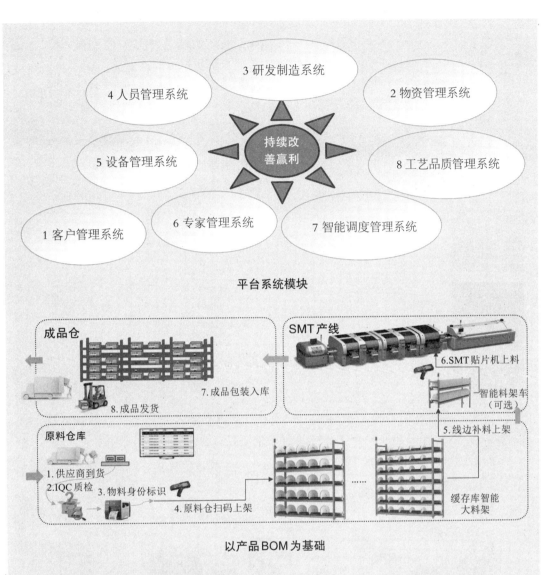

平台系统模块

以产品BOM为基础

2.针对PCBA工厂的物资管理解决方案

2.1 SMT物料使用管理（含先进先出，防错，追溯，禁用）

PCB板是典型的物料基础之一，生产唯一的身份证码，在产品的存储、生产环节自动采集身份信息，起到追溯、防错等功能。

（1）系统基础资料例如客户BOM、站位表、领料表等都采用一键导入的方式，操作轻松简单，仅需要事前提供站位表和客户BOM格式。

（2）工程导入BOM和站位表时系统自动与原始数据核对，避免出现BOM或站位表不正确引起的错误。

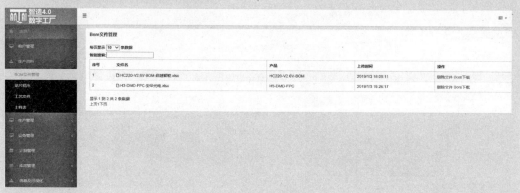

① 仓库员（或供应商依据系统）扫描原厂料盘条码后一键打印，转换成唯一身份号码，一次一个，防止贴错等（可用自动条码贴装机）。

② 系统自动统计分析物料的齐料信息，再次核对物料情况，防止漏料和错料。

③ 贴装好条码后，自动根据防错料车提示，直接放入料车中入库。

④ IQC根据系统指示，对物料进行LCR电桥测试核对。

（3）发料时仓库根据出库单、上料表、智能料车灯光顺序指引自动出料，取错或漏取均自动记录且报警。

（4）员工通过使用PDA或扫描枪扫描站位条码和料盘条码防错，并自动核对系统站位表文件和贴片机器中站位表文件，关联在线AOI、SPI品检数据。如有不符，则立刻报警停机。

🧊 钢网领用	🔄 钢网归还	📥 物料入库
📤 物料出库	🔲 物料位置	🔃 换料对比
📋 物料巡检	📊 资产盘点	➡ 退出登录

生产绑定.mp4

（5）系统自动对接贴片机器中过板数据和抛料数据，并且排除掉叉板数量。如数量异常，可通过自动系统控制接驳台或贴片机停止生产，有效防止员工私自上料引起的错料。通过PCBA上的条码和物料盘、贴片机飞达、料站绑定，有效地实现产品拼板级追溯防错。

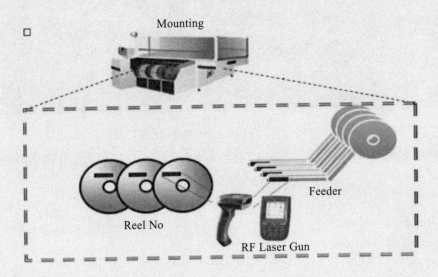

（6）系统指定IQC员工通过使用PDA或扫描枪扫描料盘条码防错。用LCR电桥测值后自动匹配系统数值，系统自动判定结果，如果不对则系统播放警报声报警，且停止。IPQC员工通过使用PDA扫描站位条码和料盘条码防错。用数码表测值后自动匹配系统数值，系统自动判定结果，如果不对则系统播放警报声报警，且停止贴片机生产。

2.2 SMT车间信息化

（1）生产信息化。系统自动和生产设备对接，采集数据（印刷机、SPI、AOI、贴片机数据），实时采集生产产出数和达成率以及直通率并且显示到电子看板上。

（2）高级排产系统。系统自动根据实时生产数据和工艺路线、品质要求、产品特点、特殊要求等生产要素，自动模拟计算安排待生产的成品的生产，可以达到类似实时导航的效果。

2.3　产线物料控制

运用智能配送模块，通过上料看板集中人员上料，物料不再需要车间物料员周转管理，可以节省车间物料员人工。

低位预警情况						
线体	设备	工作台	位置	产品名称	物料代码	剩余数量
SMT03	NPM-1	1	10008R	MSD3458-A-V11	604.0002.00	1610
SMT03	NPM-4	1	70026	MSD3458-A-V11	640.0026.00	61
SMT03	NPM-2	1	30013L	MSD3458-A-V11	602.0122.00	65
SMT03	NPM-2	1	30014L	MSD3458-A-V11	602.0027.00	65
SMT03	NPM-4	1	71001	MSD3458-A-V11	602.0174.00	65
SMT03	NPM-4	1	70018	MSD3458-A-V11	605.0067.00	70
SMT03	NPM-4	1	70024	MSD3458-A-V11	605.0002.00	70
SMT03	NPM-4	1	70027	MSD3458-A-V11	605.0016.00	80
SMT03	NPM-4	1	70020	MSD3458-A-V11	605.0160.00	96
SMT03	NPM-2	1	30012R	MSD3458-A-V11	602.0035.00	250
SMT03	NPM-2	1	30015R	MSD3458-A-V11	602.0139.00	150
SMT03	NPM-3	1	50005	MSD3458-A-V11	609.0060.00	150
SMT03	NPM-2	1	30000R	MSD3458-A-V11	603.0009.00	1200
SMT03	NPM-3	2	60004L	HC800-658-2G-V15	47uF-6.3V-TANA-A	304
SMT03	NPM-1	1	10009L	MSD3458-A-V11	603.0151.00	500
SMT03	NPM-1	1	30008L	MSD3458-A-V11	603.0007.00	1000
SMT03	NPM-3	1	50006L	MSD3458-A-V11	604.0034.00	660
SMT03	NPM-3	2	40007L	HC800-658-2G-V15	10K-1%-R0603	1960
SMT03	NPM-1	1	10006R	MSD3458-A-V11	604.0025.00	200
SMT03	NPM-1	2	60005R	HC800-658-2G-V15	RSES-3V-T0603	711
SMT03	NPM-2	1	30015L	MSD3458-A-V11	602.0070.00	315
SMT03	NPM-2	1	50006R	MSD3458-A-V11	604.0017.00	698
SMT03	NPM-1	2	20008L	HC800-658-2G-V15	100NF-50V-20%-C0402	9874
SMT03	NPM-1	2	40006R	HC800-658-2G-V15	1K-100MHZ-FL0603	2346
SMT03	NPM-2	1	30010L	MSD3458-A-V11	604.0004.00	700
SMT03	NPM-2	1	10008L	MSD3458-A-V11	603.0014.00	1000
SMT03	NPM-4	1	70023	MSD3458-A-V11	604.0057.00	320
SMT03	NPM-1	2	40008L	HC800-658-2G-V15	DR-5%-R0603	4958
SMT03	NPM-1	2	40007R	HC800-658-2G-V15	10UF-6.3V-20%-C0603	3970
SMT03	NPM-1	2	40014R	HC800-658-2G-V15	10R-1%-R0603	990
SMT03	NPM-3	1	50007R	MSD3450-A-V11	603.0055.00	1000
SMT03	NPM-3	1	50008R	MSD3458-A-V11	604.0112.00	1000

2.4　DIP和组包车间管理

（1）DIP上料的同时扫描最小包装上的条码，系统自动核对BOM进行防错料实时管理，这样可以在防错的同时实现4M级别的追溯。

上板机　　　　　　分板机　　　　　　测试机

编带包装机

（2）针对（5G模块）DIP和测试车间的解决方案（自动包装）：可以设置工艺路线，使每块板必须按照设定的工序进行，系统自动检查上一工序参数，能有效防止不按工序转班，漏工序、错工序等现象。

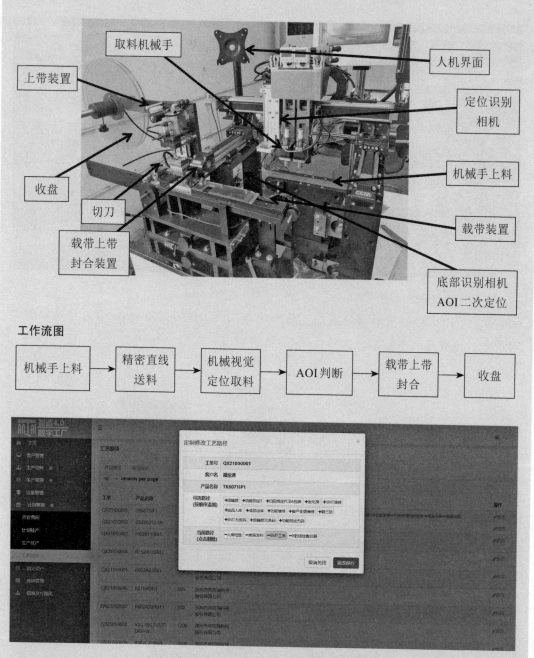

工作流图

机械手上料 → 精密直线送料 → 机械视觉定位取料 → AOI判断 → 载带上带封合 → 收盘

（3）智能维修。维修工序自动授权获取产品的资料，可以调用BOM、PCB资料等，快速维修。首次自动创建报表，不良工序要输入不良原因、不良位置号、责任部门等，并且可以自动生成维修报表。后续维修同样类似的方法，系统自动搜寻库中的处理方法，提示维修，且记入统计报表。此环节可以用维修AOI，用于故障分析，故障快速查询指示，维修后的良品确认。

（4）可以和测试仪器连接，防止漏测、不按测试过程测试，并将测试结果直接反馈到系统。

测试工序不良必须要经过维修工序，这样可以有效防止不良品不经维修就流入下个工序，有效提升产品质量。

采集测试工序的各种品质数据，及时监控生产品质情况。

主板和外壳条码绑定，这样可以根据外壳条码直接追溯到主板的一切信息。

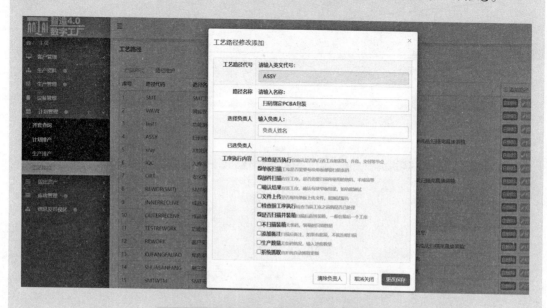

（5）智能包装。在线列印功能，可以根据机身条码打印彩盒条码，也可以根据设定的包装数，彩盒条码打印装箱条码。这样可以防止贴错条码、混装等情况的发生。

　　包装设定每箱包装数，扫描条码后自动生成包装标签。尾数箱标签需要密码才能打印。这样可以有效杜绝混装、漏装、多装。

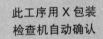

此工序用 X 包装
检查机自动确认

　　出货扫描，可以通过扫描外箱得出全部产品明细，附上全部出货清单。

聚信时代出货状态标识卡	
客户名：	飞天科技
产品名：	U006-TF-U3-2002-02
客户订单号：	WORK003136
客户编码：	
订单(工单)号：	J2021080011
批次号：	2021081971798
装箱数量：	7889
出货人：	楊颮
出货日期：	2021-08-09
备注：	

[打印标签]　　[打印带箱数据]

此工序用 X
包装检查机
自动确认

2.5 WMS智能仓库管理

仓库运用扫描条码的方式进行仓库管理，可以有效地提升工作效率，以及账目数据的准确和有效性。

（1）进料管理和检验。物料供应商可以接入系统打印条码，IQC收货后自动扫描入库或先入库然后抽检。

（2）仓库储位管理。仓库将每个货架编号成储位管理，进料时自动分配储位。可以匹配自主研发的智能物料架，任何物料的存取必须在指令下进行，如有违反，则警报更正。

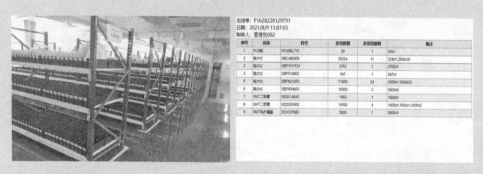

（3）电子看板管理。收料确认后，系统通过电子看板自动通知IQC检验。

（4）先进先出管理。仓库发料时扫描PDA，自动先进先出管理，如果有批次更早的物料则不允许发出。

（5）分料和点数管理。仓库进料首先打印条码。条码自动定义可以按照客户提供的订单数量和BOM自动分配工单号到条码，减少了分料和备料的时间。

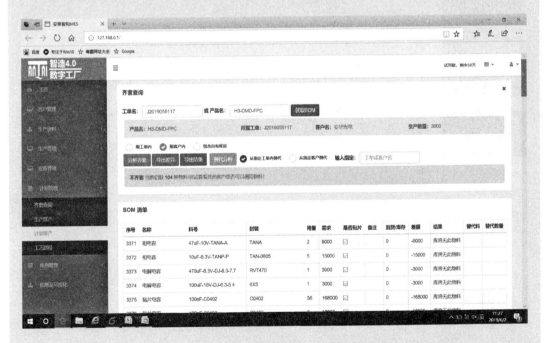

（6）入库和备料管理。所有料架全部编号。入库时PDA扫描物料唯一码（身份证），料架发出空位指令，自动分配储位，物料放置后自动匹配。

出库时点击工单备料即可依据BOM和先进先出原则自动分配物料，减少找料的时间。

（7）生产发料管理。发料时扫描料盘，自动搜觅物料站位，亮指示灯，产线员工直接取料错误操作均报警。减少作业员寻料时间，完全避免取错。

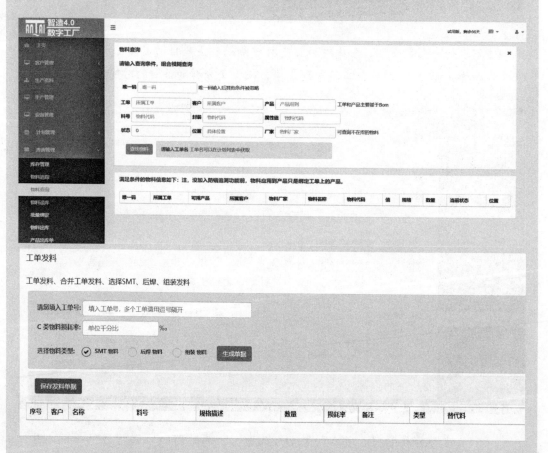

（8）生产损耗管理。按照不同的工单数量设定不同的损耗系数，在发料、备料、退仓等环节，自动计算结余，自动计算损耗，系统数据与实际生产数据保持一致。

2.6 辅料材料工具（锡膏、胶水、钢网、飞达）管理

生产线员工扫描锡膏后会自动增加到锡膏管理系统，有效监控锡膏。

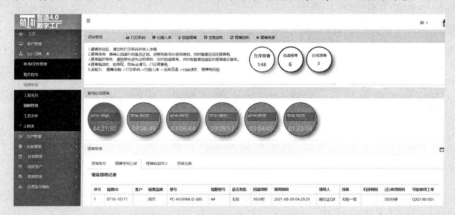

2.7 系统为企业带来的收益

（1）通过电子看板、追溯和防错系统等，有效提升企业形象，更好满足高端客户审厂要求。

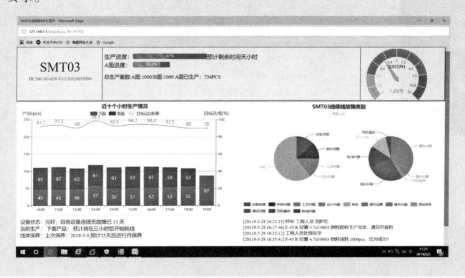

（2）可以有效降低人力成本，直接节省人工开支，直接节省IPQC人员成本。

（3）杜绝错料事故发生，减少品质风险及品质费用。

（4）通过和AOI对接输入不良，有效实时监控品质状况。系统可实现4M级别追溯，有效提升品质水平。

（5）物料管理系统化和实时化，有效提升车间和仓库物料管理水平及降低物料损耗。

（6）流程规范化管理，例如员工不扫锡膏钢网无法开线，让员工自觉地养成良好的作业习惯。

（7）管理更加智能化，系统可以和ERP及各种设备无缝集成，有效地提升科学管理水平和提升工作效率。

3.协同办公平台一体化建设

经过多年的办公信息化建设，许多公司已经导入先进的OA系统用于办公。安泰的数字工厂智造平台可以便捷的形式将智造数据接入办公系统，简化公司的管理环节。

结合访客管理系统，规范来访人员身份的申请，规范访问时间，并形成访问报告，有效地管理公司相关对外职员的工作状态和流程。

结合NIP新产品智造系统，对所有新元器件、供应商、DFM评审、DFA组装评审，建立档案和数据库。

结合产品售后管理平台，规范记录产品在全球各地的使用、维修、配件库的监控等，更进一步地支撑品牌建设。

第三章
智能制造的实体
——智慧工厂

　　智能制造的实体为智慧工厂（数字化车间）。在智慧工厂中，工厂总体设计、工程设计、工艺流程及布局前期均已建立了较完善的系统模型，进行了模拟仿真、设计，相关的数据进入企业核心数据库；配置了符合设计要求的数据采集系统和先进控制系统，建立了实时数据库平台、网络。利用云计算、大数据等新一代信息技术，在保障信息安全的前提下，实现经营管理和决策的智能化。

第一节 智慧工厂概述

一、何谓智慧工厂

智慧工厂是在制造业一系列科学管理实践的基础上，深度融合自动化技术、信息通信技术和智能科学技术，结合数据、信息和知识建设有竞争力的新一代制造业企业及其生态系统。

智能制造以智慧工厂为载体，发挥制造业主战场的作用。智慧工厂可以广义地理解为"物理工厂+数字化工厂"（见图3-1），依靠自动化生产设备构建而成的物理工厂是智能制造的基础，也是绝大多数中国制造工厂现阶段转型升级的重点，即实现生产自动化。

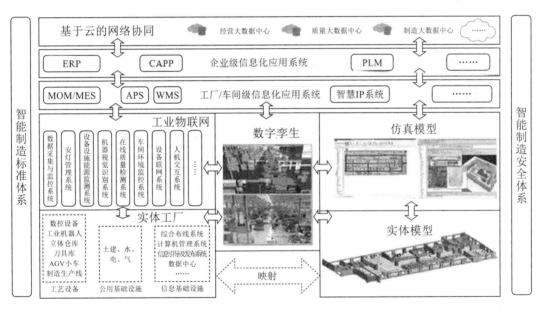

图3-1 物理工厂+数字化工厂

在生产自动化的基础上，通过应用物联网和大数据，以端到端数据流为基础，以互联互通为支撑，构建高度灵活的个性化和数字化智能制造模式，实现信息深度自感知、智慧优化自决策、精准控制自执行，这是数字化工厂建设的重点，也是制造行业在生产自动化程度已经达到较高水平后，将装备优势转化为产品和市场优势、实现升级转型和赶超世界先进水平的重点路径。

将物理工厂中的业务及实体转化为数字化的虚拟工厂，并建立数字化工厂与物理工厂之间实时、紧密的映射链接，充分利用虚拟工厂强大的仿真计算能力，评估工厂的现状并仿真模拟未来的运营状态，最优化的仿真结果则可以用来组织工厂的制造资源，并开展相应的活动，如产品设计阶段，可以利用虚拟化仿真实现在产品定型制造前就完成产品的评估、验证优化。

另外数字化工厂模型要在生产全过程得到维护，确保模型与工厂/车间有效连接。一方面，由于有建模和模拟工具，重新配置选择可以在数字化工厂上进行测试，在验证后更快地在物理工厂中实施；另一方面，物理工厂的完善可以在工厂虚拟模型上得到反馈和保存。

二、智慧工厂的五大关键领域

智慧工厂代表了高度互联和智能化的数字时代，工厂的智能化通过互联互通、数字化、大数据、智能供应链与智能装备五大关键领域得以体现。

（一）互联互通

互联互通是通过CPS系统将人、物、机器与系统进行连接，以物联网作为基础，通过传感器、RFID、二维码和无线局域网等实现信息的采集，通过PLC和本地及远程服务器实现人机界面的交互，在本地服务器和云存储服务器实现数据读写，并与ERP、PLM、MES和SCADA等平台实现无缝对接，从而达到信息的畅通、人机的智能。一方面，通过这些技术实现智慧工厂内部从订单、采购、生产与设计等的信息实时处理，另一方面相关设计供应商、采购供应商、服务商和客户等与智慧工厂实现互联互通，确保生产信息、服务信息等的同步，采购供应商随时可以提取生产订单信息，客户随时可以提交自己的个性化订单且可以查询自己订单的生产进展，服务商随时保持与客户等的沟通，及时进行相关事务处理。

（二）数字化

数字化包含两方面内容，一方面是指智慧工厂在工厂规划设计、工艺装备开发及物流等全部流程中应用三维设计与仿真。通过仿真分析，消除设计中的问题，将问题提前进行识别，减少后期改进改善的投入，从而达到降低设计成本与提高设计质量，实现数字化制造和QCD灵活生产的目标，实现真正的精益，通过仿真运营，成本降低10%～30%，劳动生产率提高15%～30%。

另一方面，在传感器、定位识别、数据库分析等物联网基础数字化技术的帮助下，数字化贯穿产品创造价值链和智慧工厂制造价值网络，从研发BOM到采购BOM和制造BOM，甚至到营销服务的BOM，准确性与及时性直接影响是否能实现智能化，从研发到运营，乃至商业模式的构建也需要数字化的贯通，从某种程度而言数字化的实现程度也成为智能制造战略成功的关键。

（三）大数据

大数据，是一种规模大到在获取、存储、管理、分析方面大大超出传统数据库软件工具处理能力范围的数据集合，从大数据、物联网的硬件基础、连接技术到中间数据存储平台、数据分析平台形成了整个大数据的架构，实现了底层硬件数据采集到顶层数据分析的纵向整合。图3-2为某企业智能平台的大数据分析界面。

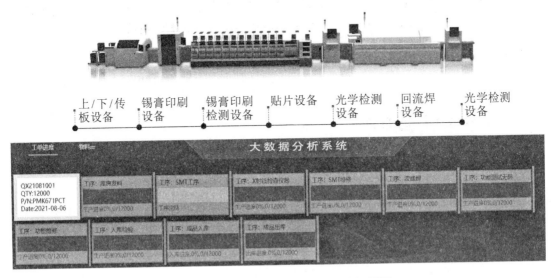

图3-2 某企业智能平台的大数据分析界面

大数据的战略意义不在于掌握庞大的数据信息，更重要的是对数据进行专业化处理，将来自各专业的各类型数据进行提取、分割、建立模型并进行分析，深度挖掘数据背后的潜在问题和贡献价值。当前大多数企业在数据采集方面毫无疑问做得很好，但数据也仅仅停留在形成报表的层面，无法直接利用与分析，并识别出问题进行整改，这直接反映的是数据分析和数据应用人员的缺失，尤其是与专业相结合，需要既了解专业又懂得建模和算法的数据分析人才，这也是大数据面临的重要挑战，亟需企业和学校联合共同培养。

（四）智能供应链

智能供应链重点包含供应物流、生产物流、整车物流，各相应环节实施物流信息实时采集、同步传输、数据共享，并驱动物流设备运行，实现智能物流体系，达到准时化、可视化的目的，确保了资源的有效共享，也确保了订单的准时交付，在订单准确的同时减小了存储，最大限度地避免了仓储及二次转运的费用，降低生产成本，也是主机厂和供应商之间紧密合作下的质量和价格的优化，达到双赢的效果。

（五）智能装备

智能装备通过智能产品、人机界面、RFID射频技术、插入技术、智能网络及APP等，形成集群环境，最终形成"可感知—自记忆—自认知—自决策—自重构"的核心能力。如谷歌旗下公司开发的AlphaGo一样，具备深度学习的大脑智能，根据实际形势的输入可以自动分析判断、逻辑推理，思考下一步的落子，在人工智能领域形成了对人类围棋的绝对压倒性优势。AlphaGo的出现象征着计算机技术已进入人工智能的新信息技术时代（新IT时代），未来将与医疗等行业进行深度合作。人工智能的发展也预示智能装备时代的来临，智能装备是智慧工厂物联网和数字化制造的基础，也是物联网实现的关键要素。

三、智慧工厂的特征

（一）生产设备网络化：实现车间"物联网"

物联网是指通过各种信息传感设备，实时采集任何需要监控、连接、互动的物体或过程等的各种信息，其目的是实现物与物、物与人、所有物品与网络的连接，方便识别、管理和控制。

（二）生产文档无纸化：实现高效、绿色制造

生产文档进行无纸化管理后，工作人员在生产现场即可快速查询、浏览、下载所需要的生产信息，生产过程中产生的资料能够即时进行归档保存，大幅降低基于纸质文档的人工传递及流转，从而杜绝了文件、数据丢失，进一步提高了生产准备效率和生产作业效率，实现绿色、无纸化生产。

（三）生产数据可视化：利用大数据分析进行生产决策

在生产现场，每隔几秒就收集一次数据，利用这些数据可以实现很多形式的分析，包括设备开机率、主轴运转率、主轴负载率、运行率、故障率、生产率、设备综合利用率（OEE）、零部件合格率等。

首先，在生产工艺改进方面，在生产过程中使用这些大数据，就能分析整个生产流程，了解每个环节是如何执行的。一旦有某个流程偏离了标准工艺，就会产生一个报警信号，能更快速地发现错误或者瓶颈所在，也就能更容易解决问题。利用大数据技术，还可以对产品的生产过程建立虚拟模型，仿真并优化生产流程，当所有流程和绩效数据都能在系统中重建时，这种透明度将有助于制造企业改进其生产流程。再如，在能耗分析方面，在设备生产过程中利用传感器集中监控所有的生产流程，能够发现能耗的异常

或峰值情形，由此便可在生产过程中优化能源的消耗，对所有流程进行分析，这将会大大降低能耗。

（四）生产过程透明化：智慧工厂的"神经"系统

在机械、汽车、航空、船舶、轻工、家用电器和电子信息等离散制造行业，企业发展智能制造的核心目的是拓展产品价值空间，侧重从单台设备自动化和产品智能化入手，基于生产效率和产品效能的提升实现价值增长。因此其智慧工厂建设模式为推进生产设备（生产线）智能化，通过引进各类符合生产所需的智能装备，建立基于制造执行系统MES的车间级智能生产单元，提高精准制造、敏捷制造、透明制造的能力。

（五）生产现场无人化：真正做到"无人"厂

在离散制造企业生产现场，利用数控加工中心智能机器人和三坐标测量仪及其他所有柔性化制造单元进行自动化排产调度，利用工件、物料、刀具进行自动化装卸调度，可以达到无人值守的全自动化生产模式。在不间断单元自动化生产的情况下，管理生产任务优先和暂缓，远程查看管理单元内的生产状态情况，如果生产中遇到问题，一旦解决，立即恢复自动化生产，整个生产过程无需人工参与，真正实现"无人"智能生产。

第二节　智慧工厂的主要建设模式

由于各个行业生产流程不同，加上各个行业智能化情况不同，智慧工厂有以下几个不同的建设模式，如图3-3所示。

图3-3　智慧工厂的主要建设模式

一、从生产过程数字化到智慧工厂

在石化、钢铁、冶金、建材、纺织、造纸、医药、食品等流程制造领域，企业发展智能制造的内在动力在于产品品质可控，工业物联网侧重从生产数字化建设起步，基于品控需求从产品末端控制向全流程控制转变。因此其智慧工厂建设模式的推进步骤如图3-4所示。

推进生产过程数字化
在生产制造、过程管理等单个环节信息化系统建设的基础上，构建覆盖全流程的动态透明可追溯体系，基于统一的可视化平台实现产品生产全过程跨部门协同控制
推进生产管理一体化
搭建企业CPS系统，深化生产制造与运营管理、采购销售等核心业务系统集成，促进企业内部资源和信息的整合和共享
推进供应链协同化
基于原材料采购和配送需求，将CPS系统拓展至供应商和物流企业，横向集成供应商和物料配送协同资源和网络，实现外部原材料供应和内部生产配送的系统化、流程化，提高工厂内外供应链运行效率
整体打造大数据化智慧工厂
推进端到端集成，开展个性化定制业务

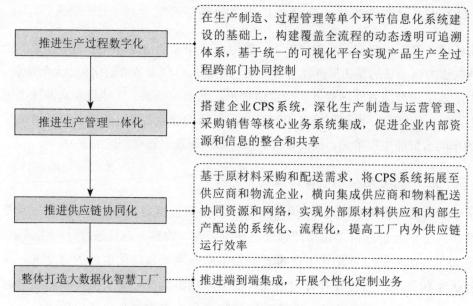

图3-4 从生产过程数字化到智慧工厂的推进步骤

二、从智能制造生产单元（装备和产品）到智慧工厂

在机械、汽车、航空、船舶、轻工、家用电器和电子信息等离散制造领域，企业发展智能制造的核心目的是拓展产品价值空间，侧重从单台设备自动化和产品智能化入手，基于生产效率和产品效能的提升实现价值增长。因此其智慧工厂建设模式的推进步骤如图3-5所示。

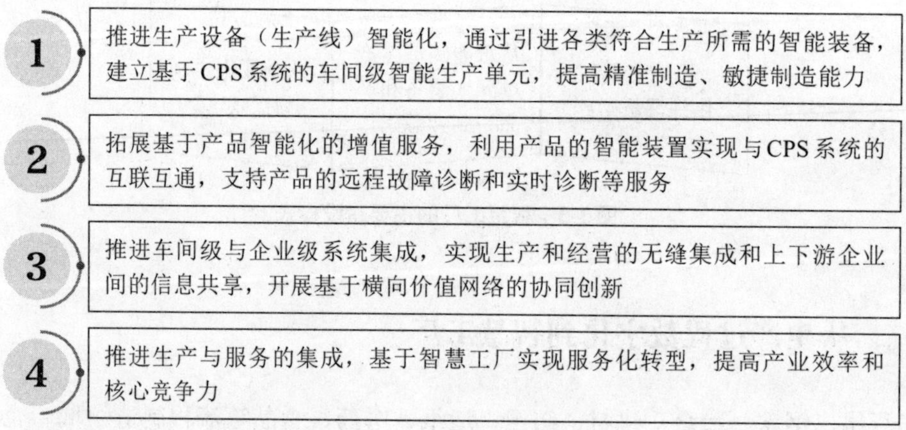

1
推进生产设备（生产线）智能化，通过引进各类符合生产所需的智能装备，建立基于CPS系统的车间级智能生产单元，提高精准制造、敏捷制造能力
2
拓展基于产品智能化的增值服务，利用产品的智能装置实现与CPS系统的互联互通，支持产品的远程故障诊断和实时诊断等服务
3
推进车间级与企业级系统集成，实现生产和经营的无缝集成和上下游企业间的信息共享，开展基于横向价值网络的协同创新
4
推进生产与服务的集成，基于智慧工厂实现服务化转型，提高产业效率和核心竞争力

图3-5 从智能制造生产单元（装备和产品）到智慧工厂模式的推进步骤

【范本】▶▶

三一重工的智慧工厂模式

三一重工的18号厂房是总装车间，有混凝土机械、路面机械、港口机械等多条装配线，通过在生产车间建立"部件工作中心岛"，即单元化生产，将每一类部件从生产到下线的所有工艺集中在一个区域内，犹如在一个独立的"岛屿"内完成全部生产。这种组织方式，打破了传统流程化生产线呈直线布置的弊端，在保证结构件制造工艺不改变、生产人员不增加的情况下，实现了减少占地面积、提高生产效率、降低运行成本的目的。

三一重工已建成车间智能监控网络和刀具管理系统，公共制造资源定位与物料跟踪管理系统，计划、物流、质量管控系统，生产控制中心（PCC），中央控制系统等智能系统，还与其他单位共同研发了智能上下料机械手、基于DNC系统的车间设备智能监控网络、智能化立体仓库与AGV运输软硬件系统、基于RFID设备及无线传感网络的物料和资源跟踪定位系统、高级计划排程系统（APS）、制造执行系统（MES）、物流执行系统（LES）、在线质量检测系统（SPC）、生产控制中心管理决策系统等关键核心智能装置，实现了对制造资源的跟踪、生产过程的监控，以及计划、物流、质量集成化管控下的均衡化混流生产。

三、从个性化定制到互联工厂

在家电、服装、家居等距离用户最近的消费品制造领域，企业发展智能制造的重点在于充分满足消费者多元化需求的同时实现规模生产，侧重通过互联网平台开展大规模个性定制模式创新。因此其智慧工厂建设模式的推进步骤如图3-6所示。

1. 推进个性化定制生产，引入柔性化生产线，搭建互联网平台，促进企业与用户深度交互，广泛征集需求，基于需求数据模型开展精益生产

2. 推进设计虚拟化，依托互联网逆向整合设计环节，打通设计、生产、服务数据链，采用虚拟仿真技术优化生产工艺

3. 推进制造网络协同化，变革传统垂直组织模式，以扁平化、虚拟化新型制造平台为纽带集聚产业链上下游资源，发展远程定制、异地设计、当地生产的网络协同制造新模式

图3-6 从个性化定制到互联工厂模式的推进步骤

第三节 智慧工厂的建设内容

一、实体工厂

实体工厂是整个智慧工厂的基础层，主要包含工厂的工艺设备、公用设施设备和信息基础设施，如图3-7所示。

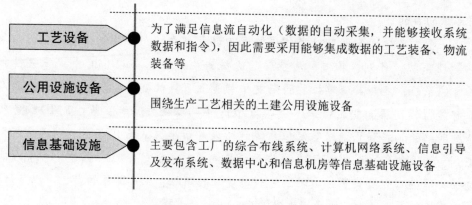

工艺设备 ● 为了满足信息流自动化（数据的自动采集，并能够接收系统数据和指令），因此需要采用能够集成数据的工艺装备、物流装备等

公用设施设备 ● 围绕生产工艺相关的土建公用设施设备

信息基础设施 ● 主要包含工厂的综合布线系统、计算机网络系统、信息引导及发布系统、数据中心和信息机房等信息基础设施设备

图3-7 实体工厂建设的内容

二、工业物联网

工业物联网是整个智慧工厂的控制层，主要完成数据的传输和集成等任务，主要包括数据采集与监控系统、安灯管理系统、设备设施能源监测系统、机器视觉识别系统、在线质量检测系统、车间环境监控系统、设备联网系统以及人机交互系统等。

三、数字化工厂

数字化工厂（又称虚拟工厂）是整个物理工厂（实体工厂和工业物联网以及信息化应用系统中所有物理设备的集合）的映射，主要为实体模型和仿真模型，能够迭代优化工艺方案并指导智能化工厂的建设，最终形成企业的数字资产。

四、信息化应用系统

（一）车间级信息化应用系统

车间级信息化应用系统针对整个车间的执行层，主要完成订单的接受并转化为生产指令，主要有制造执行系统（MES）、高级排程系统（APS）、仓储管理系统（WMS）、智慧能源系统（EMS）等。

（二）企业级信息化应用系统

企业级信息化应用系统针对整个企业的决策层，主要完成订单接受、产品全寿命管理和产品工艺研发等任务，主要包含企业资源管理系统（ERP）、计算机辅助设计系统（CAPP/CAD/CAE/CAT/CAQ）、产品生命周期管理系统（PLM）、服务生命周期管理系统（SLM）、应用生命周期管理（ALM）等。

五、基于云的网络协同系统

基于云的网络协同系统主要是大数据的应用技术，主要应用在企业经营管理、质量管理和制造管理方面。

六、智能制造标准体系和安全体系

形成企业智能制造的标准体系和安全生产体系，用于保障工厂的智能制造系统运行。

第四节　智慧工厂建设的规划

智慧工厂的建设，必须从各个视角综合考虑，从投资预算、技术先进性、投资回收期、系统复杂性、生产的柔性等多个方面进行综合权衡、统一规划，从一开始就要避免产生信息孤岛，才能确保做出真正可落地，既具有前瞻性，又有实效性的智慧工厂规划方案。企业在进行智慧工厂建设的规划时要充分考虑以下事项。

一、制造工艺的分析与优化

在新工厂建设时，企业首先需要根据企业在产业链中的定位，明确拟生产的主要产品、生产类型（单件、小批量多品种、大批量少品种等）、生产模式（离散、流程及混合制造）、核心工艺（例如机械制造行业的热加工、冷加工、热处理等），以及生产纲领，并对加工、装配、包装、检测等工艺进行分析与优化。企业需要充分考虑智能装备、智能产线、新材料和新工艺的应用对制造工艺带来的优化。同时，企业也应当基于绿色制造和循环经济的理念，通过工艺改进节能降耗、减少污染排放；还可以应用工艺仿真软件，对制造工艺进行分析与优化。

二、数据采集

生产过程中需要及时采集产量、质量、能耗、加工精度和设备状态等数据，并与订单、工序、人员进行关联，以实现生产过程的全程追溯。出现问题可以及时报警，并追溯到生产的批次、零部件和原材料的供应商。此外，还可以计算出产品生产过程产生的实际成本。有些行业还需要采集环境数据，如温度、湿度、空气洁净度等数据。

企业需要根据采集的频率要求来确定采集方式，对于需要高频率采集的数据，应当从设备控制系统中自动采集。企业在进行智慧工厂规划时，要预先考虑好数据采集的接口规范，以及SCADA（监控和数据采集）系统的应用。不少厂商开发了数据采集终端，可以外接在机床上，解决老设备数据采集的问题，企业可以进行选型应用。

三、设备联网

实现智慧工厂乃至工业4.0，推进工业互联网建设，实现MES应用，最重要的基础就是要实现M2M（Machine to Machine，指数据从一台终端传送到另一台终端），也就是设备与设备之间的互联，建立工厂网络。那么，设备与设备之间如何互联？采用怎样的通信方式（有线、无线）、通信协议和接口方式？采集的数据如何处理？这些问题企业应当建立统一的标准。

在此基础上，企业可以实现对设备的远程监控，机床联网之后，可以实现DNC（Distributed Numerical Control，分布式数控）应用。设备联网和数据采集是企业建设工业互联网的基础。

四、工厂智能物流

推进智慧工厂建设，生产现场的智能物流十分重要，尤其对于离散制造企业。智慧工厂规划时，要尽量减少无效的物料搬运。很多优秀的制造企业在装配车间建立了集中拣货区（Kitting Area），根据每个客户订单集中配货，并通过DPS（Digital Picking System，摘取式电子标签拣货系统）方式进行快速拣货，配送到装配线，消除了线边仓。

离散制造企业在两道机械工序之间可以采用带有导轨的工业机器人、桁架式机械手等方式来传递物料，还可以采用AGV、RGV（Rail Guided Vehicle，有轨穿梭车）或者悬挂式输送链等方式传递物料。在车间现场还需要根据前后道工序之间产能的差异，设立生产缓冲区。立体仓库和辊道系统的应用，也是企业在规划智慧工厂时，需要进行系统分析的问题。

五、生产质量管理

提高质量是工厂管理永恒的主题，在智慧工厂规划时，生产质量管理更是核心的业务流程。质量保证体系和质量控制活动必须在生产管理信息系统建设时统一规划、同步实施，贯彻质量是设计、生产出来，而非检验出来的理念。具体而言，有以下细节需注意。

①质量控制在信息系统中需嵌入生产主流程，如检验、试验在生产订单中作为工序或工步来处理；②质量审理以检验表单为依据启动流程开展活动；③质量控制的流程、表单、数据与生产订单相互关联、穿透；④按结构化数据存储质量记录，为产品单机档案提供基本的质量数据，为质量追溯提供依据；⑤构建质量管理的基本工作路线：质量控制设置—检测—记录—评判—分析—持续改进；⑥质量控制点需根据生产工艺特点科学设置，质量控制点太多影响效率，太少使质量风险放大；⑦检验作为质量控制的活动之一，可分为自检、互检、专检，也可分为过程检验和终检；⑧质量管理还应关注质量损失，以便从成本的角度促进质量的持续改进。对于采集的质量数据，可以利用SPC（Statistical Process Control，统计过程控制）系统进行分析。制造企业应当提升对QIS（Quality Information System，质量管理信息系统）的重视程度。

六、设备管理

设备是生产要素，发挥设备的效能，提升OEE（Overall Equipment Effectiveness，设备综合效率）是智慧工厂生产管理的基本要求，OEE的提升标志产能的提高和成本的降低。生产管理信息系统需设置设备管理模块，达成以下目标。

（1）使设备释放出最高的产能，通过生产的合理安排，使设备尤其是关键、瓶颈设备减少等待时间。

（2）在设备管理模块中，要建立各类设备数据库，设置编码，及时对设备进行维保。

（3）实时采集设备状态数据，为生产排产提供设备的能力数据。

（4）企业应建立设备的健康管理档案，根据积累的设备运行数据建立故障预测模型，进行预测性维护，最大限度地减少设备的非计划性停机。

（5）要进行设备的备品备件管理。

七、智能厂房设计

智慧工厂的厂房设计需要引入BIM（Building Information Modeling，建筑信息模型），通过三维设计软件进行建筑设计，尤其是水、电、气、网络、通信等管线的设计。

同时，智能厂房要规划智能视频监控系统、智能采光与照明系统、通风与空调系统、智能安防报警系统、智能门禁一卡通系统、智能火灾报警系统等。采用智能视频监控系统，通过人脸识别技术以及其他图像处理技术，可以过滤掉视频画面中无用的或干扰信息、自动识别不同物体和人员，分析抽取视频源中关键有用信息，判断监控画面中的异常情况，并以最快和最佳的方式发出警报或触发其他动作。

八、智慧工厂的厂房布局

整个厂房的工作分区（加工、装配、检验、进货、出货、仓储等）应根据工业工程的原理进行分析，可以使用数字化制造仿真软件对设备布局、产线布置、车间物流进行仿真。在厂房设计时，还应当思考如何降低噪声，如何能够便于设备灵活调整布局，多层厂房如何进行物流输送等问题。

九、智能装备的应用

制造企业在规划智慧工厂时，必须高度关注智能装备的最新发展。机床设备正在从数控化走向智能化，实现边测量、边加工，对热变形、刀具磨损产生的误差进行补偿，企业也开始应用车铣复合加工中心，很多企业在设备上下料时采用了工业机器人。

在未来的工厂中，金属增材制造设备将与切削加工（减材）、成型加工（等材）等设备组合起来，将极大地提高材料利用率。除了六轴的工业机器人之外，还应该考虑SCARA（Selective Compliance Assembly Robot Arm，一种应用于装配作业的机器人手臂）和并联机器人的应用，而协作机器人则将会出现在生产线上，配合工人提高作业效率。

十、智能产线规划

智能产线是智慧工厂规划的核心环节，企业需要根据生产线要生产的产品族、产能和生产节拍，采用价值流图等方法来合理规划智能产线。智能产线的特点如下。

（1）在生产和装配的过程中，能够通过传感器、数控系统或RFID自动进行生产、质量、能耗、设备绩效（OEE）等数据的采集，并通过电子看板显示实时的生产状态，能够防呆防错。

（2）通过安灯系统实现工序之间的协作。

（3）生产线能够实现快速换模，实现柔性自动化。

（4）能够支持多种相似产品的混线生产和装配，灵活调整工艺，适应小批量、多品种的生产模式。

（5）具有一定冗余，如果生产线上有设备出现故障，能够调整到其他设备生产。

（6）针对人工操作的工位，能够给予智能的提示，并充分利用人机协作。

设计智能产线需要考虑如何节约空间，如何减少人员的移动，如何进行自动检测，从而提高生产效率和生产质量。企业建立新工厂非常强调少人化，因此要分析哪些工位应用自动化设备及机器人，哪些工位采用人工。对于重复性强、变化少的工位尽可能采用自动化设备，反之则采用人工工位。

十一、制造执行系统

制造执行系统（MES）是智慧工厂规划落地的着力点，是面向车间执行层的生产信息化管理系统，上接ERP系统，下接现场的PLC、数据采集器、检测仪器等设备。MES制造执行系统建设应达成以下目标。

（1）加强MRP计划的执行功能，贯彻落实生产策划，执行生产调度，实时反馈生产进展。

（2）面向生产一线工人：指令做什么、怎么做、满足什么标准，什么时候开工，什么时候完工，使用什么工具，等等；记录"人、机、料、法、环、测"等生产数据，建立可用于产品追溯的数据链；反馈进展、反馈问题、申请支援、拉动配合等。

（3）面向班组：发挥基层班组长的管理效能，班组任务管理和派工。

（4）面向一线生产保障人员：确保生产现场的各项需求，如料、工装刀具和量具的配送，工件的周转，等等。

（5）MES实现从订单下达到产品完成的整个生产活动的优化，及时、准确地对工厂活动进行指导、启动、响应和报告，对条件变化快速响应，减少非增值活动，以提高工厂的生产效率，提高产品质量。

（6）提高生产价值的回报率，保障及时交货能力，保持合理库存量，加快库存周转，提高现金流转率。

十二、能源管理

为了降低智慧工厂的综合能耗，提高劳动生产率，特别是对于高能耗的工厂，进行能源管理是非常有必要的。采集能耗监测点（变配电、照明、空调、电梯、给排水、热水机组和重点设备）的能耗和运行信息，形成能耗的分类、分项、分区域统计分析，可以对能源进行统一调度，优化能源介质平衡，达到能源优化使用的目的。

同时，通过采集重点设备的实时能耗，还可以准确知道设备的运行状态（关机、开机还是在加工），从而自动计算OEE。通过感知设备能耗的突发波动，还可以预测刀具和设备故障。此外，企业也可以考虑在工厂的屋顶部署光伏系统，提供部分能源。

十三、生产无纸化

生产过程中工件配有图纸、工艺卡、生产过程记录卡、更改单等纸质文件作为生产依据。随着信息化技术的提高和智能终端成本的降低，在智慧工厂规划中可以普及信息化终端到每个工位，结合轻量化三维模型和MES系统，操作工人将可在终端接受工作指令，接受图纸、工艺、更单等生产数据，可以灵活地适应生产计划变更、图纸变更和工艺变更。有很多厂商提供工业平板显示器，甚至可以利用智能手机作为终端，完成生产信息查询和报工等工作。

十四、工业安全

企业在进行新工厂规划时，需要充分考虑各种安全隐患，包括机电设备的安全，员工的安全防护，设立安全报警装置等安防设施和消防设备。同时，随着企业应用越来越多的智能装备和控制系统，并实现设备联网，建立整个工厂的智慧工厂系统，随之而来的安全隐患和风险也会迅速提高，现在已出现了专门攻击工业自动化系统的病毒。因此，企业在做智慧工厂规划时，也必须将工业安全作为一个专门的领域进行规划。

十五、精益生产

精益生产的核心思想是消除一切浪费，确保工人以最高效的方式进行协作。很多制造企业采取按订单生产或按订单设计，满足小批量、多品种的生产模式。智慧工厂需要实现零部件和原材料的准时配送，成品和半成品按照订单的交货期进行及时生产，建立生产现场的电子看板，通过拉动方式组织生产，采用安东系统及时发现和解决生产过程中出现的异常问题。同时，推进目视化、快速换模。很多企业采用了U型的生产线和组装线，建立了智能制造单元。推进精益生产是一个持续改善的长期过程，要与信息化和自动化的推进紧密结合。

十六、人工智能技术应用

人工智能技术正在被不断地应用到图像识别、语音识别、智能机器人、故障诊断与预测性维护、质量监控等各个领域，覆盖研发创新、生产管理、质量控制、故障诊断等多个方面。在智慧工厂建设过程中，应当充分应用人工智能技术。

例如，可以利用机器学习技术，挖掘产品缺陷与历史数据之间的关系，形成控制规则，并通过增强学习技术和实时反馈，控制生产过程减少产品缺陷。同时集成专家经验，不断改进学习结果。利用机器视觉代替人眼，提高生产柔性和自动化程度，提升产品质检效率和可靠性。

十七、生产监控与指挥系统

流程行业企业的生产线配置了DCS系统或PLC控制系统，通过组态软件可以查看生产线上各个设备和仪表的状态，但绝大多数离散制造企业还没有建立生产监控与指挥系统。

实际上，离散制造企业也非常需要建设集中的生产监控与指挥系统，在系统中呈现关键的设备状态、生产状态、质量数据，以及各种实时的分析图表。

十八、数据管理

数据是智慧工厂建设的血液，在各应用系统之间流动。在智慧工厂运转的过程中，会产生设计、工艺、制造、仓储、物流、质量、人员等业务数据，这些数据可能分别来自ERP、MES、APS、WMS、QIS等应用系统。因此，在智慧工厂的建设过程中，需要一套统一的标准体系来规范数据管理的全过程，建立数据命名、数据编码和数据安全等一系列数据管理规范，保证数据的一致性和准确性。

另外，必要时，还应当建立专门的数据管理部门，明确数据管理的原则和构建方法，确立数据管理流程与制度，协调执行中存在的问题，并定期检查落实优化数据管理的技术标准、流程和执行情况。企业需要规划边缘计算、云计算的平台，确定哪些数据在设备端进行处理，哪些数据需要在工厂范围内处理，哪些数据要上传到企业的云平台进行处理。图3-8和图3-9即为数据分析展示示例。

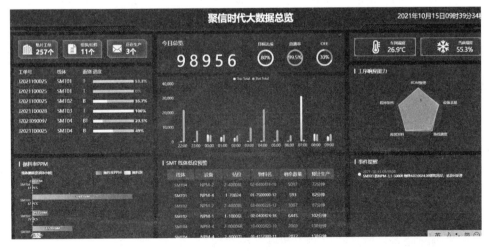

图3-8　大数据总览界面

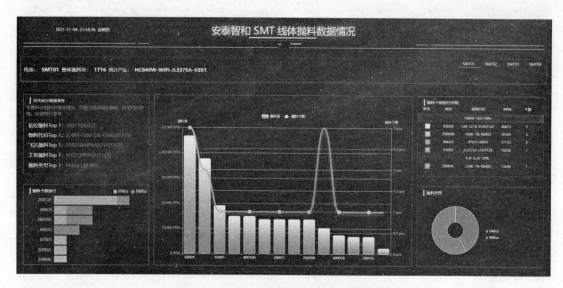

图3-9　SMT线体抛料数据情况分析界面

十九、劳动力管理

在智慧工厂规划中，还应当重视整体人员绩效的提升。设备管理有OEE，人员管理同样有整体绩效——OLE（Overall Labor Effectiveness，整体劳动效能）。通过对整体劳动效能指标的分析，可以清楚了解劳动力绩效，找出人员绩效改进的方向和办法，而分析劳动力绩效的基础是及时、完整、真实的数据。通过考勤机、排班管理软件、MES系统等实时收集的考勤、工时和车间生产的基础数据，用数据分析的手段，可以衡量人工与资源（如库存或机器）在可用性、绩效和质量方面的相互关系。让决策层对工厂的劳动生产率和人工安排具备实时的可视性，通过及时准确的考勤数据分析评估出劳动力成本和服务水平，从而真正地实现整个工厂人力资本最优化和整体劳动效能最大化。

第五节　数字化工厂建设

众所周知，工厂在制造型企业处于非常重要的位置，很大程度上，工厂强则企业强，工厂智则企业智。建设数字化工厂已成为当前许多国内外企业信息化建设的主流趋势。建设数字化工厂是企业提高运维管理水平的客观需要。通过建设数字化工厂，可实现生产运营的数字化、模型化、可视化、集成化，从而提高企业劳动生产率、安全运行能力、应急响应能力、风险防范能力和科学决策能力。

一、数字化工厂概述

（一）何谓数字化工厂

数字化工厂是指以制造资源（Resource）、生产操作（Operation）和产品（Product）为核心，利用数字化的产品设计数据，在现有实际制造系统的数字化现实环境中，对生产过程进行计算机仿真优化的虚拟制造方式。数字化工厂技术是在高性能计算机及高速网络的支持下，采用计算机仿真与数字化现实技术，以群组协同工作的方式，对真实制造世界的对象和活动进行建模与仿真研究涉及到的各个方面技术。从产品概念的形成、设计到制造全过程的三维可视及交互的环境，都可以在计算机上实现，包括产品的设计、性能分析、工艺规划、加工制造、质量检验、生产过程管理与控制，同时还可以通过计算机数字化模型来模拟和预测产品功能、性能及可加工性等各方面可能存在的问题。

数字化工厂以MES为核心，对工厂内的制造资源、计划、流程等进行管控。数字化工厂与产品设计层有紧密关联，是设计意图的物化环节，通过系统集成，数字化工厂还与企业层和设备控制层实时交换数据，形成制造决策、执行和控制等信息流的闭环。

（二）三维数字化工厂的特点

三维数字化工厂具有图3-10所示特点。

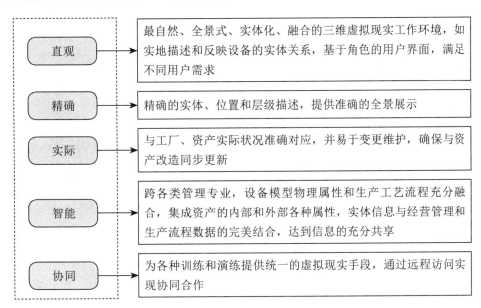

图3-10 三维数字化工厂的特点

（三）数字化工厂的工作范围

数字化工厂的工作范围如图3-11所示。

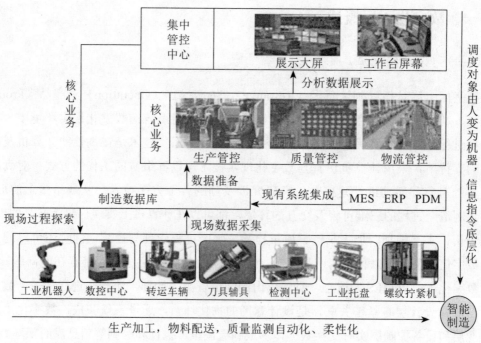

图 3-11　数字化工厂的工作范围

（四）数字化工厂的核心内容

数字化工厂的核心内容如图3-12所示。

制造资源数字化	生产过程数字化	现场运行数字化
·设备运行状态和运行参数 ·刀具"量蛤"模具在库/在工位 ·装运车辆的定位/跟踪/调度 ·关键岗位人员的定位/呼叫 ·资源的能力/效率跟踪分析	·WIP跟踪（工位/工序/部件） ·各工位关重件安装匹配查验 ·生产报工与节拍价值分析 ·各型号/各订单的完工情况 ·各工位/各关重件实作工时	·安灯内容信息采集与发布 ·设备运行状态和运行参数 ·线边物料的消耗与配送 ·现场视频采集与近景分析 ·现场环境（光/温/湿/尘/气）

质量管控数字化	物料管控数字化	
·质量统计分析报表及异常报告 ·质检现场数据/质检设施数据 ·主机及关重件流转过程监控 ·质量报表数据/统计分析数据 ·现场质量事故位置与性质分析	·物流通道及设备监控 ·叉车/AGV/堆垛机运行情况 ·物流设备位置数字地图显示 ·配送执行状态跟踪及监控 ·仓库出入库/库存/缺料跟踪	

图 3-12　数字化工厂的核心内容

（五）数字化工厂的分层管理

数字化工厂可分成三个层次进行管理，如表3-1所示。

表 3-1 数字化工厂的分层

序号	层次	管理功能
1	数字化制造决策与管控层	（1）商业智能/制造智能（BI/MI）：可针对质量管理、生产绩效、依从性、产品总谱和生命周期管理等提供业务分析报告 （2）无缝缩放和信息钻取：通过先进的可定制可缩放矢量图形技术，使用者可充分考虑本企业需求及行业特点，轻松创建特定的数据看板、图形显示和报表，可快速钻取到所需要的信息 （3）实时制造信息展示：无论在车间或是公司办公室、会议室，通过掌上电脑、手机、大屏幕显示器，用户都可以随时获得所需的实时信息
2	数字化制造执行层	（1）先进排程与任务分派：通过对车间生产的先进排程和对工作任务的合理分派，使制造资源利用率和人均产能更高，有效降低生产成本 （2）质量控制：通过对质量信息的采集、检测和响应，及时发现并处理质量问题，杜绝因质量缺陷流入下道工序所带来的风险 （3）准时化物料配送：通过对生产计划和物料需求的提前预估，确保在正确的时间将正确的物料送达正确的地点，在降低库存的同时减少生产中的物料短缺问题 （4）及时响应现场异常：通过对生产状态的实时掌控，快速处理车间制造生产过程中常见的延期交货、物料短缺、设备故障、人员缺勤等各种异常情形
3	数字化制造装备层（工位层）	（1）实时硬件装备集成：通过对数控设备、工业机器人和现场检测设备的集成，实时获取制造装备状态、生产过程进度以及质量参数控制的第一手信息，并传递给执行层与管控层，实现车间制造透明化，为敏捷决策提供依据 （2）多源异构数据采集：采用了先进的数据采集技术，可以通过各种易于使用的车间设备来收集数据，同时确保系统中生产活动信息传递的同步化和有效性 （3）生产指令传递与反馈：支持向现场工业计算机、智能终端及制造设备下发过程控制指令，正确、及时地传递设计及工艺意图

（六）实施数字化工厂带来的收益

实施数字化工厂带来的收益如图3-13所示。

实施数字化工厂带来的收益具体表现在如下方面。

（1）制造现场：使制造过程透明化，敏捷响应制造过程中的各类异常，保证生产有序进行。

（2）生产计划：合理安排生产，减少瓶颈问题，提高整体生产效率。

（3）生产物流：减少物流瓶颈，提高物流配送精准率，减少停工待料问题。

（4）生产质量：更准确地预测质量趋势，更有效地控制质量缺陷。

（5）制造决策：使决策依据更详实，决策过程更直观，决策结果更合理。

（6）协同管理：解决各环节信息不对称问题，减少沟通成本，支撑协同制造。

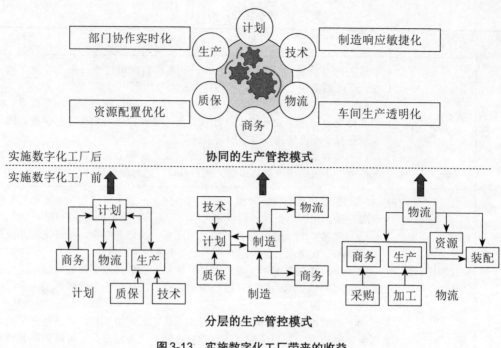

图3-13　实施数字化工厂带来的收益

二、数字化工厂的关键技术

数字化工厂的关键技术包括图3-14所示几个方面。

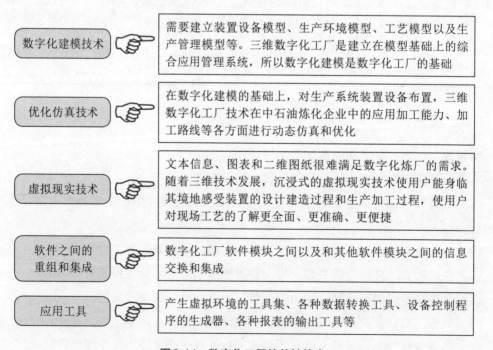

图3-14　数字化工厂的关键技术

三、数字化工厂建设的思路与策略

（一）数字化工厂建设的思路

数字化工厂建设以三条实线为主，一条虚线为辅进行开展。

首先，机床、热处理设备、机器人、测量测试设备等组成的自动化设备与相关设施，保障生产过程的精确化执行，这是数字化工厂的物理基础。

其次，以MES为中心的智能化管控系统，实现对计划调度、生产物流、工艺执行、过程质量、设备管理等生产过程各环节及要素的精细化管控。

再次，在互联互通的设备物联网基础上，并以之作为桥梁，连接起信息化系统与机床等物理空间的自动化设备，构建车间级、工厂级的HCPS（Human-Cyber-Physics System，人-信息-物理系统），实现了两个世界的相互作用、深度融合。

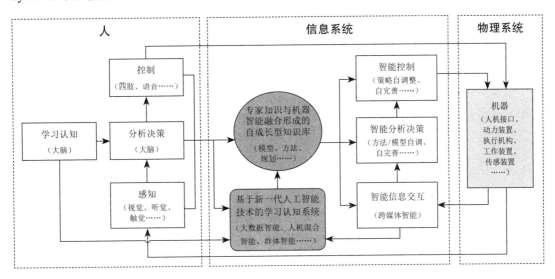

图3-15 HCPS系统图示

最后，精益生产作为数字化工厂建设的一条"虚线"，精益思想要贯穿数字化建设的始终。

（二）数字化工厂建设策略

数字化工厂建设是一项复杂的系统工程，可以遵循以下实施策略。

1.统筹规划，服务战略

企业真正目的是通过智能制造实现降本提质增效，提升企业竞争力。数字化工厂建设也要为这个目的服务，从整体上服务于企业经营战略。

数字化工厂建设不仅仅是一系列新技术或新系统的单纯应用，它既涉及生产自动化系统，又涉及数字化、网络化等信息化系统，还要考虑计划调度、生产工艺、物料配送、精益生产、安全环保等各种因素，是一项影响到车间各个层面，甚至是可以影响到企业层面的综合性工程，一定要有全局的概念与系统的思维。企业要结合自身实际情况，基于企业战略进行智能制造的设计。

2.聚焦痛点，扎实推进

基于降本提质增效、快速响应市场的目的，从工厂存在的实际痛点出发，打造一个能解决实际问题的数字化工厂管控系统，在工艺、设备、管理以及信息化、网络化、智能化等各个方面有重点地进行优化、挖掘潜力，最大程度地提升企业生产效率及管理水平。

首先要聚焦痛点。根据痛点明确要解决的主要问题，比如，是生产效率不高，是产品质量不稳定，还是生产过程不透明等，并以问题为导向，制定相应的解决方案。

其次，还需要分步实施，扎实推进。数字化工厂建设有很多阶段，其实施顺序取决于存在问题、生产特点、企业基础及资金投入等多种因素，切忌贪大贪全，可从基础、较易成功的地方着手。

3.以人为本，管理取胜

在数字化工厂建设中，要以人为本，以更好地发挥人的价值为基本出发点。另外，还要充分意识到数字化工厂建设的主体与应用对象不同。数字化工厂的主要用户是人数众多、文化水平偏低，甚至年龄偏大的车间工人，要充分考虑系统的易用性、便捷性、安全性、环保性等特点，以精益生产为指导思想，以使用者为中心，在流程优化、工艺优化等基础上，以自动化、数字化、网络化、智能化为手段，以降本提质增效为目标，以管理优化为突破口，通过数字化工厂的建设实现精益化、智能化、高效化的生产模式，为企业智能化转型升级在车间层面奠定坚实的基础。

四、数字化制造工厂的功能

（一）数字化管理（计划、调度、工艺准备）

数字化管理是在传统管理理论上，充分利用现代计算机与通信网络等先进技术来解决现实管理问题。其中网络化是这一管理模式的最鲜明特征。数字化管理是利用计算机、通信、网络、人工智能等技术，量化管理对象与管理行为，实现计划、组织、协调、服务、创新等一系列管理职能。数字化管理在车间的应用中面临两大任务：首先是将车间整个生产活动的每一个信息采集点纳入车间信息网中；其次是提供必要的应用软件工具及时准确地提取、处理信息。

数字化管理包含两层含义：一是车间管理活动是在现代先进的计算机网络和通信技术应用基础上实现的，即车间的知识资源、信息资源和制造资源可以数字化；二是运用量化管理技术解决车间的管理问题，即管理的可计算性。

在产品的制造方面，数字化管理通过相应的管理模块（如图3-16）：车间计划管理、车间作业管理、车间质量管理、车间基础数据管理、现场数据采集等，使生产流程、业务流程成为高效的流水线，减少生产过程的中断，提高生产效率。现代计算机网络信息技术与产品设计、制造的结合为数字化管理提供支持，如CAD、虚拟产品开发等数字化产品设计开发技术，且这些技术与CAM、CAPP、PDM等构筑起车间数字化制造、数字化管理的实施平台，这些数字化的柔性和流程的自适应性，成为推进车间生产进度、降低产品生产周期、大幅度提高生产率和产品质量的重要手段。

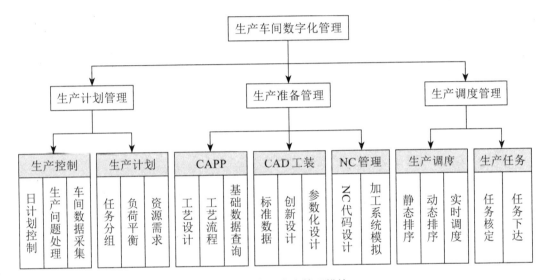

图3-16　车间生产管理模块

（二）底层设备数字化网络化（DNC系统、软硬件集成平台）

计算机网络及各种工业控制网络、现场总线、串行通信等技术为数字化设备信息的传递、制造资源的共享、制造系统的优化运作提供了可能，为异地远程的网络制造和车间的综合自动化奠定基础（见图3-17）。

数字制造系统单元功能、配置结构和整体性能及数字设备网络化等方面的研究将充分利用信息技术与网络资源，以适应动态多变的市场环境。

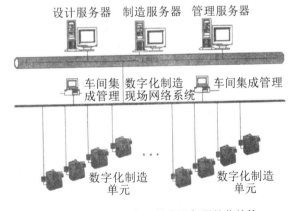

图3-17　数字化车间数字设备网络化结构

（三）数字制造资源集成（车间资源信息管理）

数字制造资源集成的内涵就是利用数字制造技术和相应工具，使车间设计、制造、装配、管理等各个环节的资源集成共享，通过开发建立车间的数字制造资源平台（集成硬件平台建设、集成软件平台建设），利用现代管理科学和信息科学技术建立现代信息网络系统，实现车间设计、制造、装配、管理等各个环节信息的快速流通和有效服务，实现物流、信息流和工作流的整合，达到车间资源的优化配置，不断提高车间管理的效率和水平，进而提高企业经济效益和核心竞争能力。

在车间数字化建设中利用基于网络的协同开发系统构建数字化制造资源平台，可以对产品进行数字化管理、对车间计划等信息系统进行集成。图3-18为数字化车间制造资源数据库功能模块。基于网络的协同产品开发系统为车间提供了一个实现异地设计与制造和资源共享的支撑平台，即提供一个车间数字制造资源模型的可行性环境，使在这样的一个环境下研究和分析相关信息系统之间的信息集成平台成为可能。

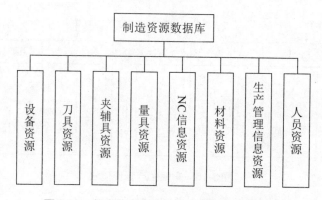

图3-18　数字化车间制造资源数据库功能模块

五、数字化工厂的设计和规划

（一）数字化工厂的分层

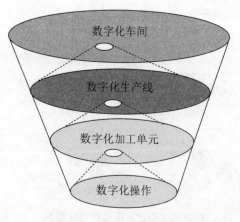

图3-19　数字化工厂结构

在数字化工厂的设计和规划阶段各种类型的人员所关心的层次有所不同，所以将数字化工厂的模拟仿真力度进行层次的划分，使不同人员在不同阶段得到不同的仿真模拟力度。经过分析，把数字化工厂软件分为以下四个层次：数字化车间层、数字化生产线层、数字化加工单元层、数字化操作层，数字化工厂结构如图3-19所示。

1.数字化车间层

对车间的设备布局和辅助设备及管网系统进行布局分析，对设备的占地面积和空间进行核准，为车间设计人员提供辅助的分析工具。

2.数字化生产线层

这一层要关心的是所设计的生产线能否达到设计的物流节拍和生产率。可以辅助分析制造的成本是否满足要求，生产线布局的合理性，物流瓶颈和设备的使用效率等，同时也可对制造的成本进行分析。

3.数字化加工单元层

这一层主要对设备之间和设备内部的运动干涉问题进行分析，并可协助设备工艺规划员生成设备加工指令，再现真实的制造过程。

4.数字化操作层

对上步的具体内容进行详细分析，包括加工过程的干涉等问题、可操作人员的人机工程方面问题。

这四层的仿真力度逐渐细化，详细到设备的一个具体动作。这四层的仿真模拟可以对制造系统的设计规划、系统的性能以及工艺过程进行优化和校验。

（二）数字化工厂总体设计

数字化工厂系统的最终目标是在一个数字化环境中建立相对于物理系统的数字化工厂，该系统能辅助设计人员快速可视化地规划车间布局、生产流程等，得到数字化工厂模型后可以进行生产调度仿真、试验各种调度方案、验证布局的优劣，使车间在施工前得到充分论证。工厂投产后，数字化工厂可以和企业的ERP系统、数据库等结合，辅助管理人员管理生产，对技术人员进行指引，帮助销售人员进行演示、促进销售等。图3-20展示了系统的总体框架。

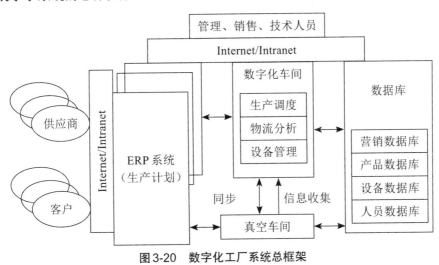

图3-20　数字化工厂系统总框架

首先设计人员规划车间内各种设备、各种单位的布局。设计人员根据产品、产量等信息，设计生产工艺方案，确定生产节拍。

数字化工厂系统提供各类设备的模型，设计人员以全3D的可视化方式选择设备，进行布局规划。同时，系统提供构造数字化模型的工具，帮助用户导入模型。数字化工厂建立后，在其上对生产进行预演仿真，验证布局是否能够提供安全的生产环境、车间内物流是否通畅、生产技术和应急方案是否可行等。根据仿真的结果，通过专家系统和优化方法的辅助，修改设计、优选方案。最后优选出方案指导工厂的建设施工。

在工厂正式施工前，在数字化工厂系统上预演设备的运入和安装、生产线的组装整合、各种辅助设备或区间的摆设等。这些可以保证工厂实施时能顺利进行，减少或避免施工的失误，加速车间的建设。

工厂投产后，数字化工厂系统、ERP系统和真正的车间3个系统互相连接，辅助车间的管理运营。管理人员根据ERP系统和数据库的信息管理生产，调整生产计划，调度物流设备等。在这些决策作最后决定、发给实体工厂执行前，管理人员先在数字化工厂上预演，了解决策可能的执行状况。数字化工厂和实体工厂可以进行同步，让管理人员以可视化的方式监视生产运作，处理突发的事件，或者直接作为监控实体工厂的界面，控制设备、下达命令。

（三）数字化工厂软件构架

数字化工厂软件系统构架分为三层：界面层、功能层和数据层。如图3-21所示。

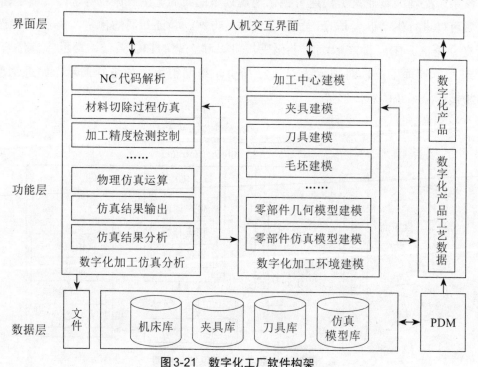

图3-21 数字化工厂软件构架

116

1.界面层

界面层是用户和系统交互的接口，用户可以根据设计出的数字化产品及加工工艺交互式地去查各类模型库，去建立所需要的几何模型、仿真模型、数字化加工设备及数字化加工环境，还可以获取仿真分析的结果等。

2.功能层

功能层是一个应用工具集，从右至左的三大工具集分别用于：获取数字化制造中产品设计模块的设计信息（产品模型及工艺），这是数字化工厂建立的依据；根据设计出的产品模型和工艺建立所需要的零部件、仿真模型、加工设备模型以及加工环境模型，该建模工具集支持模型的重用及重构；在建立的数字化工厂的基础上进行仿真分析，以对产品可加工性及工艺参数的合理性做出评价。

3.数据层

数据层用于记录产品数据、构成数字化工厂的各种模型数据以及加工仿真分析的过程数据等。数据层是功能层的支撑。

（四）数字化工厂系统构建策略

数字化工厂系统的规划是比较复杂的，不可能一次性完成这样的任务。可以分三个阶段实现该系统。

1.建立基本布局系统

让设计人员通过可视化的方法对厂房、生产线和各种物流布局进行规划设计。在此阶段，需要建立其软件的基本框架和各种车间对象的仿真模型。在此要对车间内各种对生产有直接或间接关系的设备物品进行抽象分类，并建立与之对应的对象类。要建立软件的人机界面，使用户能方便地管理这些对象，对车间进行由总体到局部的布局。完成后允许用户设计和调整车间内部的布局，诸如生产线的走向、各个工位的位置、配置何种设备及如何摆放、车间内各种附件位置等。

2.加入调度控制和仿真系统

使系统能对布置好的车间进行运行仿真，以检验各种设计布局是否合理。此阶段应设计智能控制对象和统计分析系统。智能调度对象总管车间内各种事务，依据生产计划，控制生产设备的生产，控制生产线上的物流。当一个具体的生产车间的布局已经完成，可以让数字化工厂模拟运作，检验设计的可行性和合理性，统计分析仿真运行的各种数据，并进行分析优化，对发现的设计问题进行及时的修正。由于是在电脑中仿真运行，除了工时外并不耗费任何成本，可以进行多种设计的试验比较，以找到最优的布局设计和调度规则。

3.建立与车间的日常生产全面结合的接口

进行可视化的监控和管理。在此阶段，要设计数字化工厂系统与物理系统的互连接口，通过LAN（Local Area Network，局域网）、现场总线等技术把数字化工厂的指令送到真实的设备上，控制设备进行生产。同时物理系统的信息也通过接口反馈给数字化工厂，让数字化工厂同步表现实体工厂的生产状态。监控人员可以以数字化工厂为接口监控工厂生产，通过可视化方式监控生产过程甚至车间内所有发生的事件。同时把数字化系统作为控制中断，对生产进行计划外的干预，以应对特殊的情况。

第六节 智慧工厂可视化

为了减少工作流程中的冗余环节、减少机器设备的故障、规范技术工人操作标准、提高企业处置生产突发事件的应急指挥能力，以最大限度减少员工人数需求，提升员工工作效率，提升企业产品质量，众多的制造型企业纷纷采取了一系列的信息化措施，"智慧工厂""智慧生产""智能制造"等建设也相继展开。借助视频监控系统提升生产管理水平是智慧生产建设的重要组成部分，是实现智慧工厂生产管控可视化工作的重要手段之一。

一、智慧工厂可视化的总体目标

（一）通过综合安防提高快速反应能力

大多数企业的组织结构是建立在专业化分工基础上的"金字塔"型组织结构，横向沟通困难，导致对过程变化反应迟缓等，逐渐难以适应日益复杂、变化多端的市场环境。而在信息技术的支持下，综合安防管理可帮助企业优化传统安防管理方式，减少中间环节和中间管理人员，从而建立起精良、敏捷、具有创新精神的"扁平"型组织结构。这种组织形式信息畅通、及时，信息反馈更加迅速，提高了企业对安全隐患及生产现场问题的快速反应能力，从而更好地适应竞争日益激烈的市场环境。智慧工厂可视化方案在综合安防方面应满足表3-2所示功能。

表3-2 综合安防的可视化功能

序号	功能	说明
1	网络高清视频联网	通过视频监控联网，可为各级管理人员按权限分配各环节现场图像信息，避免现场状况信息汇报的延时，出差在外的管理人员甚至可通过移动网络了解现场实际情况以参与应急决策

序号	功能	说明
2	报警联动策略	可设计通过视频分析、人脸识别、黑名单识别等技术进行实时侦测，当有非法入侵等异常行为时，推送报警信息、现场图片等至管理人员手机以及时响应
3	视频条码叠加	条码扫描与现场视频画面进行叠加存储，事后可根据条码、货品信息等快速追溯，提高生产管理、售后服务的工作效率
4	报警预案	设置多种报警预案以提高警情发生时的处理速度
5	联动策略	门禁、车辆出入口设备等与消防系统联动，消防报警时自动打开消防通道
6	移动单兵在线巡查	通过单兵设备巡查，当发生异常情况时可将现场状态以视音频方式及时记录，并通过移动网络传输至中心进行预览，管理人员可及时进行工作调度

（二）优化人车物管理流程提高企业管理水平

推进企业信息化是促进企业管理创新和各项管理工作升级的重要突破口。综合安防管理在促进企业信息化进程中不只是改变系统本身，更为重要的是与管理的有机结合，把先进的管理理念、管理制度和方法引入到管理流程中，进行管理创新，以此实行科学管理，提高企业的整体管理水平。智慧工厂可视化方案在优化人车物管理流程方面应满足表3-3所示功能。

表3-3 优化人车物管理流程的可视化功能

序号	功能	说明
1	车牌识别	通过车牌登记与识别减少车辆进出验证时间，免刷卡无停留方便快捷；通过车位摄像机，实现停车引导与反向寻车，可用在较大型以上停车场，降低员工停车消耗的时间
2	二维码识别实现物资放行管理	结合二维码与客户端实现物资放行的电子流程，放行过程联动视频抓拍与物资信息视频叠加，改善传统使用放行条的方式带来的物资非法进出风险，并可对工作人员进行有效监督
3	优化访客预约管理流程	结合一卡通与综合管理平台优化访客从预约申请至授权进出的整个流程管理，减少员工接待的无效工时，提升企业的对外形象

（三）三维可视化动态设备管理平台提升设备管理综合效率

在智慧工厂的建设中，利用大屏幕显示系统进行数据的可视化处理、集中显示，是未来智慧工厂建设中不可或缺的一项技术应用。智慧工厂核心是实现企业资产的智能化，而资产密集型企业的核心资产是设备（装置），三维可视化动态设备管理应用是在智慧工厂平台基础上运用三维仿真和虚拟现实技术构建行业三维模拟现实场景，将企业资产三维模型以及信息属性有机地结合起来（行业数据、音频、视频等流媒体）。采用基于网络的信息处理技术，实现资产运行监视、操作与控制、综合信息分析与智能告警、运行管理和辅助应用（维护、安防和环境监测）等功能的一体化监控管理，可大幅度提高企业资产运营能力。

三维可视化动态设备管理平台基于X3D可扩展三维语言与组件技术，将不同软件厂商的三维GIS、三维CAD、BIM、三维工厂、三维仿真模型进行转化，聚合形成统一X3D实景仿真模型。X3D实景仿真模型通过持续更新三维数据与扩展不同类型的数据信息，包括工程数据、资产数据、工艺自动化数据、监控监测数据、信息系统数据，可在实景仿真的空间里统一展示地理、地质、建筑设施、设备资产、自动化、监控、监测及其他扩展信息，以产生更高级的运行控制与协同管理。

1.可视化企业资产布局全景

三维可视化动态设备管理平台对企业智慧工厂地形地貌、建筑、车间结构、设施设备等进行几何建模，直观、真实、精确地展示各种设施、设备形状及生产工艺的组织关系，以及设施、设备的分布和拓扑情况。用户在电脑上就可以浏览整个企业现场，如同亲临现场。同时系统将装置模型与实时信息、历史档案等基础数据绑定在一起，实现设备在三维场景中的快速定位与基础信息查询。

2.可视化的安装管理

三维可视化动态设备管理平台可以对在建工程、安装设备等进行三维建模，并把三维场景与计划、实际进度结合，用不同颜色表现每一阶段的安装建设过程。

3.可视化设备台账管理

在三维可视化动态设备管理平台上可建立设备台账及资产数据库，并和三维设备绑定，实现设备台账的可视化及模型和属性数据的互查、双向检索定位，从而实现三维可视化的资产管理，使用户能够快速找到相应的设备，以及查看设备对应的现场位置、所处环境、关联设备、设备参数等真实情况。

4.可视化巡检管理

三维可视化动态设备管理平台采用"GPRS+PDA+RFID"技术方案，巡检任务从制定、分配、下发、接收、执行到考核等全部工作都可以远程控制、无线实时同步，从而实现巡检过程可视化、简捷化、规范化、智能化，使用户及时发现设施缺陷和各种安全隐患。监控人员通过实时监控功能，可以掌握当前所有巡检员的状态，并可以选择任意一个在线巡检员查看实时位置和巡检信息，另外还可以查看任意一天或一段时间任一巡线员的历史轨迹，并可动态回放历史轨迹。

5.可视化智能维护管理

三维可视化动态设备管理平台可以实现智能维护管理，其重点体现在3方面，如图3-22所示。

采集与监控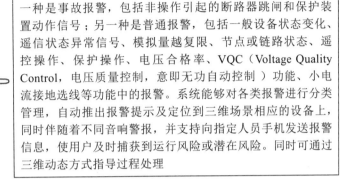

对重点设备的温度、湿度、转速、振动、开关等实时信息进行采集和分析，当工作条件出现异常时，可及时显示、报警

异常报警处理

一种是事故报警，包括非操作引起的断路器跳闸和保护装置动作信号；另一种是普通报警，包括一般设备状态变化、遥信状态异常信号、模拟量越复限、节点或链路状态、遥控操作、保护操作、电压合格率、VQC（Voltage Quality Control，电压质量控制，意即无功自动控制）功能、小电流接地选线等功能中的报警。系统能够对各类报警进行分类管理，自动推出报警提示及定位到三维场景相应的设备上，同时伴随着不同音响警报，并支持向指定人员手机发送报警信息，使用户及时捕获到运行风险或潜在风险。同时可通过三维动态方式指导过程处理

远程控制

可实现远程控制设备的启停、调整等，同时能在环境非正常的情况下自动或远程人为地控制各种环境调节设备（如空调、通风设备等），使工作环境恢复正常

图3-22　可视化智能维护管理重点

（四）辅助业务管理有效地降低企业成本

企业的成本来自生产经营和管理的各个环节，安防系统应用，特别是基于视频监控系统的可视化管理系统与基于一卡通系统的人员管理系统，多年来通过单一系统建设满足各部门某一具体场景的应用需求，零散地与生产经营管理的各个环节产生关系，本方案实施建设后，企业综合管理平台可为企业降低运营管理成本提供多种辅助手段。智慧工厂可视化方案在辅助业务管理方面应满足表3-4所示功能。

表3-4　辅助业务管理的可视化功能

序号	功能	说明
1	视频远程联网	通过视频对员工工作状态与现场生产经营状况进行远程监督指导，降低管理人员出差和现场巡视产生的成本
2	区域人数统计辅助节能	通过区域门禁记录、视频人流量统计等技术手段，可分析相关区域的人员活动状态及趋势，辅助形成节能策略
3	车载监控、GIS定位辅助物流管理	通过在物流车实施车载监控系统，实时了解物流运输情况，按需进行视音频远程调度。分析历史数据，结合降低成本、提高效率要求进行排班、优化物流路线规划等
4	仓库管理	对仓储环境变量进行实时采集，提防环境变化对原材料、半成品、成品质量的影响，避免浪费

（五）提高企业决策的科学性、正确性

完备的信息是经营决策的基础。基于综合安防系统的众多应用可改善企业获取信息、收集信息和传递信息的方式，减少决策过程中的不确定性、随意性和主观性，增强决策的合理性、科学性，提高决策的效益和效率。具体表现在以下两方面。

（1）生产过程可视化：高清网络视频智能化与联网化，为企业观察与回溯生产工序提供可靠依据。

（2）物流过程可视化：可在车载视频、GIS路线回放的基础上为研究物流策略提供数据基础。

（六）标准作业可视化监督提升企业人力资源素质

企业的竞争是人才的竞争，是人员素质的竞争，人员素质优势在企业竞争优势中极为重要。企业可视化管理，可以加速标准作业在企业中的传播，提高企业领导、全体员工的知识水平、信息意识与信息利用能力，提升企业人力资源的素质，改善企业文化环境。具体表现在以下两方面。

（1）工位监控：利用高清网络视频监控，对关键工位操作过程进行抽查，结合电子看板播放最佳实践范例，引导员工标准操作。

（2）流程监督：可视化远程监督与视音频调度，有利于约束员工实施工作规范。

二、工厂可视化应用场景示例

（一）一卡通人员管理

一卡通人员管理系统应针对企业厂区、办公楼等人员出入频繁、安保问题多样、管理环节复杂等状况，结合安防管理需求及特点设计，系统应满足图3-23所示效用。

效用一 ▷ **为企业提供安全保障**

> 通过门禁、巡更等一卡通系统的建设，排除楼宇的安全隐患，为企业提供人、财、物全方位的安全保障和安全舒适的工作环境。
> 将各智能卡子系统关联应用，将企业员工、管理人员、外来访客及其他临时人员等所有人员全部纳入一卡通系统的管理范畴，完善技术管理手段，减少因人为管理所产生的安全疏漏

效用二 ▷ **提升企业管理的效率**

> 通过统一发卡平台一次性发卡，实现人员信息在多个子系统中的互联互通，减少管理的复杂度，体现一卡多用的优越性，极大降低管理的工作量

效用三 为企业提供更为专业化的服务

> 自助预约访客系统及电子化的数据流程解决外来访客排队问题。
> 为企业人员提供考勤、消费等后勤管理服务，真正实现"一卡在手、一卡通用"

图3-23 一卡通人员管理系统的效用

1.门禁与考勤管理

门禁与考勤管理的对象是员工考勤/供应商考勤，其管理流程为：员工上下班通过员工通道/工作楼层门禁打卡考勤。设计时应注意以下几点。

（1）可刷卡的设备均可设置为考勤点，建议将楼层读卡器设置为考勤点，员工在工作楼层打卡考勤，避免员工上下班打卡出现拥挤现象。

（2）与HR系统、供应商系统对接，员工最新在职状态及时更新到一卡通系统，自动注销离职人员卡，避免离职人员IC卡未及时注销，通过不当方式进入。

2.食堂消费管理

食堂消费管理的管理流程为：员工将餐盘放置在结算台上，结算台自动显示消费金额→员工刷卡完成消费结算。管理的效果应满足以下要求。

（1）核算准：减少人工计算金额错误造成的损失。

（2）速度快：自动结算缩短排队结账时间。

（3）省人工：无人值守的收银台，减少人工（收银员）需求。

（4）体验佳：排队等候时间大大减少，芯片嵌入盘中不可见，安全卫生。

3.访客管理

访客管理的对象是供应商、访客、参观人员。其管理流程区分不同情况如图3-24所示。

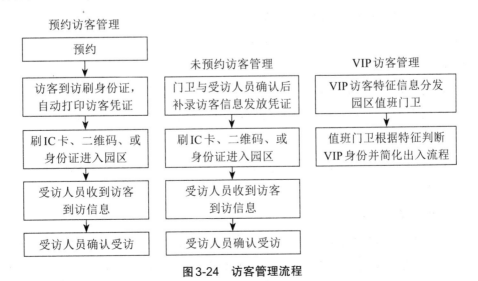

图3-24 访客管理流程

访客管理模块应达到以下功能要求。

（1）支持读取身份证信息。

（2）可支持访客预约审批结果的短信发送。

（3）访客车牌号经接受预约后记入出入口系统白名单。

（4）可与HR系统、供应商系统对接。

（5）缩短访客确认与身份认证时间，减少访客登记过程中人多排队现象。

（6）实行临时人员进出严格登记制度，未经许可不能进入厂区。

（7）管理访客在厂区内部区域的进出权限。

（二）车辆管理

1.基于车牌识别的员工车辆管理

这一模块的管理对象是员工的车辆，其管理流程为：登记车牌号→车牌识别→联动摄像机抓拍→白名单比对放行→系统日志。该管理模块应达到以下功能要求。

（1）使用车牌识别不用通行证，可减少证件制作与车辆通行时间。

（2）采集车牌号等信息，完成对车辆进出的信息化管理。

通过车牌识别技术实现车位诱导与反向寻车，可实现车辆出入管理、自动计费存储数据、车位引导与反向寻车等功能。本系统提高了停车场的信息化、智能化管理水平，给车主提供一种更加安全、舒适、方便、快捷和开放的环境，实现停车场运行的高效化、节能化、环保化，降低管理人员成本、节省停车时间，提升停车场形象。

2.访客车辆管理

该模块的管理对象为访客车辆，其管理流程为：网络预约/接待室访客自助系统预约→受访者接受预约确认→访客打印临时卡→访客车牌识别、随车人员临时卡验证→确认放行→系统日志。该管理模块应达到以下功能要求。

（1）避免部分随车人员入厂未按要求登记，非法进入。

（2）使用车牌识别不用通行证，可减少证件制作时间。

（3）采集车牌号等信息，完成对车辆进出的信息化管理。

（4）要求所有人员必须持证进厂，访客车辆，可预先登记访客车牌号，省去进厂时临时登记时间。

（5）随车访客人员必须进行登记，发放临时卡，使用手持式刷卡机实现车内多人的刷卡身份验证。

3.物流车管理系统

该模块的管理对象为物流车，其管理流程为：物流车辆与供应商系统对接→物流车司机预先登记→车牌识别→白名单比对放行→系统日志。该管理模块应达到以下功能要求。

（1）为提升物流效率，需缩短车辆通行证制作与更新周期，减少物流车辆人员变更速度快对车辆通行认证的影响，减少车辆进厂验证时间。

（2）厂区活动区域大，需提供有效手段辅助厂内巡查人员对车辆进行检查。

（3）使用车牌识别不用通行证，可减少证件制作与车辆通行时间。

（4）采集车牌号等信息，完成对车辆进出的信息化管理。

4.员工班车管理

该模块的管理对象为员工班车，其管理流程为：登记车牌号→车牌识别→联动摄像机抓拍→白名单比对放行→系统日志。该管理模块应达到以下功能要求。

（1）避免外部人员乘坐员工班车进厂。

（2）使用车牌识别不用通行证，可减少证件制作与车辆通行时间。

（3）员工班车加装读卡机进行身份验证。

5.单兵在线巡查

该模块的管理对象为安保人员、厂内人员、贵重物品，其管理流程为：安保人员手持单兵按点巡逻→读巡查点RFID标签→实时上传巡查记录→平台地图展示、追溯。该管理模块应达到以下功能要求。

（1）实时监测巡查人员的作业情况，未按时巡查进行提醒并作记录。

（2）在线巡查发现违法异常状况可及时对现场进行视音频记录、与管理中心进行远程视音频通话，管理中心在紧急情况可实时了解现场情况并进行人员调度。

（3）可考虑使用单兵移动巡更，在巡更点布置RFID标签。

（4）可进行视音频实时录像并远程传输。

（5）可接收单兵手持报警信号并将单兵拍摄现场画面弹窗显示。

（6）支持巡查路径规划。

（7）支持巡查记录查询等。

（三）生产过程可视化管理

1.可视化远程巡岗

该模块的管理对象为员工。其管理流程为：管理者通过监控中心大屏、桌面PC、移动终端实时了解各生产线情况，做出准确应对。该管理模块应达到以下功能要求。

（1）及时发现异常事件并及时处理。

（2）远程快速巡岗降低巡岗管理成本。

（3）可视化精益管理辅助正确决策。

（4）实时指挥，实时效果查看，提高指挥效率。

2.标准化作业可视化巡查

该模块的管理对象为员工，其管理流程为：选择要求规范操作的工位的摄像机，点击SOP按钮→单画面/大屏显示观看细节与现场操作步骤→分析是否符合规范。该管理模块应达到以下功能要求。

（1）提高员工工作积极性。

（2）规范员工操作提升产品质量。

（3）通过工位监控视频预览/回放，随机抽查生产线员工操作规范性。

（4）可对所检查视频作时间标记，对检查结果进行分类，可按结果类型查找该段视频。

（四）智能可视化仓储管理

1.可视化快速巡仓

该模块的管理对象为仓库，其管理流程为管理者通过监控中心大屏、桌面PC、移动终端实时可视化快速巡仓。该管理模块应达到以下功能要求。

（1）及时发现仓库异常状况，了解仓位。

（2）远程快速巡仓，降低巡仓管理成本。

（3）减少仓库物品堆放不合规造成的损失。

（4）可视化仓库管理辅助仓管决策。

2.仓库人员权限管理

该模块的管理对象为仓库人员。该管理模块应达到以下功能要求。

（1）无权限员工门禁刷卡信息提示。

（2）联动附近摄像机视频弹窗显示。

（3）抓拍图片记录。

（4）可根据员工信息搜索抓拍记录。

3.生产环境及仓库环境可视化动态监测

该模块的管理对象为生产环境、仓库环境，其管理流程为：各类环境传感器实时监测→超限报警。该管理模块应达到以下功能要求。

（1）减少因环境问题造成员工身体损伤。

（2）减少因环境问题造成设备、物资损坏。

（3）了解环境指标，及时调整，保持良好生产环境。

（4）对生产环境、仓库环境有严格要求的场所，需要实时监测各类环境变量，通过在生产车间等相关场所设置电子看板实时显示环境信息，超限时可及时报警提示并作相关联动，避免造成环境污染、人身健康损害与环境安全事件，并通过生产环境监测辅助产品质量控制。

（5）超限时显示视频弹窗、发送报警信息至相关人员手机或管理客户端等。

（6）提供联动输出信号。

（五）智能可视化物流管理

1.装卸码头监管可视化

该模块的管理对象为物流车、装卸工、收发货员工，其管理流程为对装、卸货口进行无死角视频监控，视频录像可查。该管理模块应达到以下功能要求。

（1）装货、卸货更可控、可管。

（2）降低监督管理成本。

（3）减少装货、卸货过程损失。

2.物流可视化管理

该模块的管理对象为物流车，其管理流程为：物流车辆安装车载设备→车速、定位、视音频调度、货厢环境监测与权限控制→管理登录远程调度系统→路线规划、排班、远程视音频调度。该管理模块应达到以下功能要求。

（1）为了提高物流效率，保障货品在途运输安全（防损防盗等），防止货车违法运输等，需要对公司自有车辆/长期合作运输车辆实行在途监控与GIS定位，以辅助分析物流运输、排班效率，优化路线规划等。

（2）公司自有或长期合作物流车辆，要求安装车载监控系统，车载门禁设备及车厢环境监测设备，提供远程视频监控、GIS定位及厢货环境保障等。

（3）可考虑使用单兵车牌识别功能，通过远程联网随时从后台获取并显示物流车辆信息。

（4）可考虑厂内道路设置卡口设备（车牌识别、图像抓拍、违章测速等），追踪车辆路径。

（5）入口信息显示屏可显示车辆信息。

（6）支持通过车牌号从后台调取车辆信息，包括物流类型、司机照片等资料。

三、可视化平台总体框架

工厂可视化平台从系统架构上分为设备接入层、数据交互层、基础应用层、业务实现层、业务表现层，如图3-25所示。

系统物理部署图，即根据现场实际部署介绍了系统的设备接入、现场布线等情况，下面以海康威视智能建筑综合系统物理部署图为例来加以说明，如图3-26所示。

业务表现层	浏览器	C/S客户端	手机	平板电脑	其他
业务实现层	HTTP				SDK
	视频监控	入侵报警	一卡通	门禁管理	停车场
	访客管理	考勤管理	生产可视化	可视化仓储	企业物流
基础应用层	API/Web Service				
	统一资源	统一用户	统一权限	日志检索	联动管理
	储存服务	流媒体服务	报警服务	网管理服务	大屏控制
	报表引擎	消息总线	任务调度	设备检测	其他应用
数据交互层	数据访问对象DAO		安全数据交互中间件		
	数据库				
设备接入层	数据采集（SDK）				
	视频设备	门禁设备	梯控设备	报警主机	巡查设备
	消费机	访问机	考勤机	停车场设备	其他设备

图3-25　可视化平台系统架构图

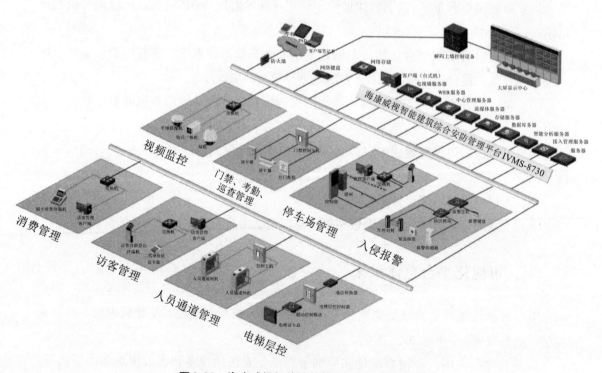

图3-26　海康威视智能建筑综合系统物理部署图

（一）设备接入层

第一层为设备接入层，设备接入层包含各监控安防系统设备资源、视频设备、门禁设备、报警主机等系统主机、数据库、磁盘阵列等基础设施，为系统的应用提供可靠、有效、稳定的数据来源。

（二）数据交互层

第二层为数据交互层，数据交互层是由关系数据库、安全数据交互中间件等组成的综合信息资源库，并对操作系统、数据库、安全加密、多媒体协议进行封装，屏蔽差异，实现上层应用的平台无关性，提高运行效率和系统兼容性。

（三）基础应用层

第三层为基础应用层，基础应用层负责提供在软件框架之上实现各个子系统的应用，如视频、报警、一卡通、门禁、停车场、消费等，由基础应用和业务综合应用组成。基于基础应用层的智能楼宇系统开发设计，满足用户实际操作应用需求，丰富安防综合应用功能，包括门禁子系统、停车场子系统、报警系统等，实现了各子系统间的统一管理。同时还提供了智能安防电信级系统必须具备的双机冗余热备功能，可以兼容多厂商、多种类、多协议的各种异构硬件，提供第三方系统接入服务。

（四）业务实现层

第四层为业务实现层，业务实现层负责提供在统一的智能楼宇行业应用软件框架之上的各类应用，由基础应用和业务综合应用组成。

1.基础应用

企业综合管理平台提供在一个统一的安防应用软件框架之上的各类应用，实现监控管理功能，包括实时监控、视频存储管理、视频分发管理、拼控上墙、录像查询回放、智能管理、报警配置、系统配置管理、用户权限管理、信息发布通告等。

2.业务综合应用

企业综合管理平台采用基于应用支撑层的智能楼宇系统开发设计，满足用户实际操作应用需求，丰富安防综合应用功能，包括门禁子系统、停车场子系统等，实现了各子系统间的统一管理。还提供了智能安防电信级系统必须具备的双机冗余热备功能，可以兼容多厂商、多种类、多协议的各种异构硬件，提供第三方系统接入服务。

（五）业务表现层

平台可通过Web Service接口使用平台提供的各种服务，将具体的业务展现给最终的用户。平台应可以支持C/S客户端、B/S客户端、大屏客户端、网管客户端、移动客户端，以最大化地满足用户的体验。

平台应能满足多部门对视频数据、信息数据的共享需求，可根据各使用部门不同的应用需求，采用自定义针对性的用户界面，通过授权的方式，各部门可实现视频、一卡通资源及信息数据的共享。

第四章

智能装备与
智能制造

　　智能制造离不开智能装备的支撑。智能装备是较为先进的制造技术、信息技术以及人工智能技术在制造装备领域中的有机融合，是实现高效、高品质和节能环保等目标的现代化制造装备。

第一节 智能制造装备

智能制造装备是具有感知、分析、推理、决策、控制功能的制造装备，它是先进制造技术、信息技术和智能技术的集成和深度融合。智能制造装备可提高生产效率、降低生产成本，实现柔性化、数字化、网络化及智能化的全新制造模式。

一、工业机器人

工业机器人是面向工业领域的多关节机械手或多自由度的机器装置，它能自动执行工作，是靠自身动力和控制能力来实现各种功能的一种机器。它可以接受人类指挥，也可以按照预先编排的程序运行，现代的工业机器人还可以根据人工智能技术制定的原则纲领行动。

（一）工业机器人的结构

一般来说，工业机器人由三大部分六个子系统组成。三大部分是机械部分、传感部分和控制部分。六个子系统可分为机械结构系统、驱动系统、感知系统、机器人—环境交互系统、人机交互系统和控制系统，如图4-1所示。

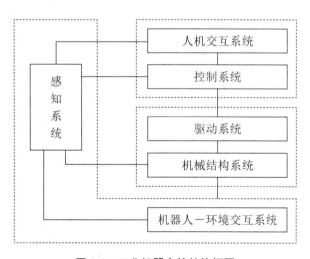

图4-1 工业机器人的结构框图

（二）工业机器人的技术特点

根据上述结构涉及到的技术，总结出工业机器人技术主要有三大特点，具体如图4-2所示。

工业机器人集精密化、柔性化、智能化、软件应用开发等先进制造技术于一体，通过对过程实施检测、控制、优化、调度、管理和决策，以增加产量、提高品质、降低成本、减少资源消耗和环境污染，是工业自动化水平的最高体现

工业机器人与自动化成套装备具备精细制造、精细加工以及柔性生产等技术特点，是继动力机械、计算机之后，出现的全面延伸人的体力和智力的新一代生产工具，是实现生产数字化、自动化、网络化以及智能化的重要手段

工业机器人与自动化成套技术，融合了多项学科，涉及多项技术领域，包括工业机器人控制技术、机器人构建有限元分析、激光加工技术、智能测量、建模加工一体化、工厂自动化以及精细物流等先进制造技术，技术综合性强

图4-2　工业机器人的技术特点

图4-3　AGV移动机器人

（三）常见工业机器人

1.移动机器人（AGV）

AGV是工业机器人的一种类型，它由计算机控制，具有移动、自动导航、多传感器控制、网络交互等功能，它可广泛应用于机械、电子、纺织、卷烟、医疗、食品、造纸等行业的柔性搬运、传输等功能，也用于自动化立体仓库、柔性加工系统、柔性装配系统（以AGV作为活动装配平台），同时可在车站、机场、邮局的物品分拣中作为运输工具（见图4-3）。

2.点焊机器人

点焊机器人具有性能稳定、工作空间大、运动速度快和负荷能力强等特点，焊接质量明显优于人工焊接，大大提高了点焊作业的生产率（见图4-4）。

点焊机器人主要用于汽车整车的焊接工作，生产过程由各大汽车主机厂负责完成。国际工业机器人企业凭借与各大汽车企业的长期合作关系，向各大型汽车生产企业提供各类点焊机器人单元产品并以焊接机器人与整车生产线配套形式进入中国，在该领域占据市场主导地位。

3.弧焊机器人

弧焊机器人主要应用于各类汽车零部件的焊接生产（见图4-5）。在该领域，国际大型工业机器人生产企业主要以向成套装备供应商提供单元产品为主。

图4-4 点焊机器人

图4-5 弧焊机器人

4.激光加工机器人

激光加工机器人是将机器人技术应用于激光加工中，通过高精度工业机器人实现更加柔性的激光加工作业（见图4-6）。系统通过示教盒进行在线操作，也可通过离线方式进行编程。该系统通过对加工工件的自动检测，产生加工件的模型，继而生成加工曲线，也可以利用CAD数据直接加工。可用于工件的激光表面处理、打孔、焊接和模具修复等。

图4-6 激光加工机器人

5.真空机器人

真空机器人是一种在真空环境下工作的机器人，主要应用于半导体工业中，实现晶圆在真空腔室内的传输（见图4-7）。真空机械手难进口、用量大、通用性强，是制约半导体装备整机研发进度和整机产品竞争力的关键部件。直驱型真空机器人技术属于原始创新技术。

6.洁净机器人

洁净机器人是一种在洁净环境中使用的工业机器人（见图4-8）。随着生产技术水平不断提高，其对生产环境的要求也日益苛刻，很多现代工业产品生产都要求在洁净环境进行，洁净机器人是洁净环境下生产需要的关键设备。

图4-7 真空机器人

（四）工业机器人的应用

工业机器人的典型应用包括焊接、刷漆、组装、

图4-8 洁净机器人

采集和放置（如包装、码垛和SMT——表面组装技术）、产品检测和测试等，所有工作的完成都具有高效性、持久性和准确性。

工业机器人能替代许多劳动力，同时能提升工作效率和产品品质。

比如，富士康机器人可以承接生产线精密零件的组装任务，更可替代人工在喷涂、焊接、装配等不良工作环境中工作，并可与数控超精密铣床等工作母机结合，提高生产效率，替代部分非技术工人。

使用工业机器人可以降低废品率和产品成本，提高机床的利用率，降低工人误操作带来的残次零件风险等，其带来的一系列效益也十分明显，如减少人工用量、减少机床损耗、加快技术创新速度、提高企业竞争力等。机器人具有执行各种任务特别是高危任务的能力，平均故障间隔期达60000小时以上，比传统的自动化工艺更加先进。

 **相关链接** ‹ ···

从机器人到智能工厂，美的走向智能制造

数字化时代的未来，数据、协同、智能等要素碰撞在一起，将重构商业系统的结构。美的集团开启智能制造战略十年，正从单一产品的制造商转向提供系统集成服务方案的科技集团，以此来应对充满不确定性的未来，赋能制造业。这也体现了价值型企业的战略出发点应是共享价值链，而非只关注竞争。

2018年，美的集团智能制造的探索之路踏入了第十个年头。

这家世界500强企业对于智造的定义，随着企业的发展和行业的革新，不断被完善和丰富。

2008年美的对智能制造的探索始于内需，开展传统MES建设提升产品品质。从2013年起，美的逐渐聚焦于一个核心六个维度的建设，即以智能精益工厂为核心、结合智能自动化、智能机器人、智能物流、智能信息化、移动大数据、物联网等六大关键技术。

2018年美的集团提出了"人机新世代"的战略。这不仅是对智能制造和智慧家居的"双智战略"的延展，更是力图以大数据与AI为驱动，赋予产品、机器、流程、系统等环节感知、认知、理解和决策能力，全线打通美的在产品及产业布局上的独有优势。

为此，美的的智造不仅着重于引进机器人、打造智能工厂，更注重基于大数据的分析，实现所有业务的互联互通，大力打造工业互联网生态圈。

伴随对智能制造的探索，美的也从单一产品的制造商转向提供系统集成服务方案

的科技集团，不断将实践往纵深推进。

智能化要根据企业需求加以定义

早在2013年，美的就开始推动"632"计划，即数字化1.0。此后，数字化转型在企业内部逐步推进，从"传统精益工厂"到"数字精益工厂"，再到"智能精益工厂"，这是实践智能制造的路径。

美的集团智能制造专家说："工业互联网和智能制造是一个融合的概念，相辅相成又互相依托。精益化是灵魂，数字化是大脑，自动化是躯干，工业互联是神经，通过精益生产，我们希望为转型打造良好的基础，实现高效、低成本、环保的制造业模式。"

打造智能精益工厂，美的的想法很明确，要看带来怎样的价值。

显然，这能带来两个价值点：一是减少工人的劳动强度。美的家电从大到小都有，大的有双开门冰箱、洗衣机，自动化的首要目标是降低员工的劳动强度，提升工作的安全性、舒适性。

第二个价值点是通过自动化更好地满足客户的个性化需求。因为传统的产品是大批量生产的，现在则逐步进入到小批量定制的时代，需要通过自动化生产、柔性整合来适应客户定制的需求。

机器人行业专家说，生产的智能化并非一蹴而就，智能制造的内涵是用智能机器加上生产全过程中的信息，使用MES系统，实现设计过程、制造过程和制造装备智能化。如数控机器人、自动化生产线，都是集成的技术，将数字化的软实力与硬体装备的投入结合，才能达至真正意义上的智能制造。

美的在总部、事业部、基地工厂三个层面，建成了一体化的企业级的自主MES系统，并已全面覆盖全集团32家国内工厂，1000多条产线。平台日应用人数近万人，每天通过系统产生60万财务交易凭证数据、100万物资出入库记录，管控9万多个生产作业过程，覆盖制造全流程的采集与追溯，实现了制造过程中人、财、物等重要资源的集约化管理，极大地促进了智能制造的效能。而库卡、高创的加入，也让美的在深耕智能制造时优势明显。

现代仓储，为企业效率赋能

位于苏州相城的美的清洁电器事业部是美的智能化改造的业界样本，也是美的的智能精益工厂。

这里的注塑车间采用的是全自动中央供料系统，产品经过机械手取出之后，经过流水线流到后端作业，再打包入库到装配线，实现人、机、料的分离。121台注塑机只要3到4个人作业就可以满足生产需求。

在这个智能精益工厂中，另一个亮眼的技术是智能立库解决方案，这是行业内首创的系统，体现了提效降本，低碳绿色的发展理念。

该项目始于2015年4月，当年9月投入使用。三年下来，已经过近2000多万台产品的考验。国家和省政府都给予了高度的肯定。工信部把该项目评定为"工信部两化融合示范项目"。

整个立库系统总共有3大核心技术，一是智能输送物流系统，二是人机交互系统，三是智能仓储系统。

智能输送物流系统汇聚了两个生产车间21条生产线上不同型号、不同品类的产品，这些成品全部汇流到一条输送线，由美的自行开发的自动分拣系统分拣，在输送线上自动分配分拣的工位，分拣系统中的高速读码器以每分钟100米的速度扫描成品包装上的二维码，从主干线进入分拣工位后，由库卡搬运机器人自动码垛。

美的立体仓库

在成品进入立体仓库前，还会有三次安全防呆（工业术语，一种预防矫正的行为约束手段）的措施，在这里识别外形尺寸和码垛的形态是不是符合正常的要求。

成品最后进入的立库有22米高，10个巷道，20排货架，1.7万个库位，可以容纳40万的成品。产品入库后先到达一个暂存区，然后有自动堆高机去接货，智能分配库位。每小时可以达到3600台的入库能力，一天最高入库量可达4.5万。整体高效率的仓库运作中已经没有了搬动工人的身影，只有七八位软件工程师负责系统的日常维护。

高度的智能化让仓储一目了然，每一天生产入库的产品数量、存储在立库的什么位置都能快速查询到。过往，产品出库时需要在仓库里找产品，而智能立库则有非常多的出库方式选择，比如先进先出，或者特定批次的产品先出，等等，这些辨识都由设备来完成。产品出库也可采用多巷道的方式集中出库，避免了传统仓库叉车、员工、搬运以及找库位的问题。

项目的施工周期很短，也是得益于前期美的集团内部丰富的仓储、物流方面的实践和积累，同时库卡在产品解决方案上也有非常成熟的方案。两者结合，智能立库项目在短期内便能发挥巨大的价值，实现智能仓储、智能转产、智能出库。

在运营成本上，智能立库也显示出巨大的优势。虽然，占地面积只有6000多平方米，但已经相当于传统4万多平方米的仓库面积，不仅仓库造价低一半，运营成本每年也可节约500万元。

由于这套系统可对接MES系统和物流系统，对于所有使用MES码的箱体包装产品和企业都具备可复制性。

美的清洁电器事业部负责人介绍："这一项目，是美的集团内部对于优势资源整合的一次成功例证，不仅充分展现了智能制造技术的注入为企业带来的效益，也展现了向社会分享智能制造领域成果、赋能其他制造企业的可能。"

二、智能数控机床

智能数控机床是先进制造技术、信息技术和智能技术的集成与深度融合的产物，是数控机床发展的高级形态。随着科技不断创新，智能机床作为移动互联网智能终端，将成为智能生产系统的关键加工设备。

（一）智能数控机床的优势

智能数控机床是数控机床的高级形态，融合了先进制造技术、信息技术和智能技术，具有自主学习能力，在实际运用中，体现出图4-9所示的优势。

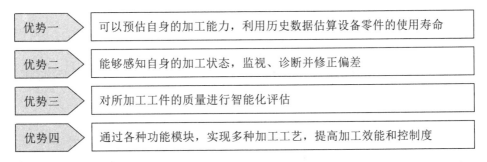

优势一 可以预估自身的加工能力，利用历史数据估算设备零件的使用寿命

优势二 能够感知自身的加工状态，监视、诊断并修正偏差

优势三 对所加工工件的质量进行智能化评估

优势四 通过各种功能模块，实现多种加工工艺，提高加工效能和控制度

图4-9 智能数控机床的优势

（二）智能机床在智能生产中的地位

机床是装备制造业的"工作母机"，是加工制造的关键装备，几乎所有金属切削、成形过程均需借助机床实现，机床的加工复杂度、精度、效率和柔性直接决定一国的制造水平，在装备制造业中战略地位突出。没有机床的智能化，就无法实现装备制造业的智能制造。

（1）智能机床是对制造过程能够做出判断和决定的机床。

智能机床了解到制造的整个过程后，能够监控、诊断和修正在生产过程中出现的各类偏差，并且能为生产的优化提供方案。此外，还能计算出所使用的切削刀具、主轴、轴承和导轨的剩余寿命，让使用者清楚其剩余使用时间和替换时间。

（2）智能机床的出现，为未来装备制造业实现全盘生产自动化创造了条件。

智能机床通过自动抑制振动、减少热变形、防止干涉、自动调节润滑油量、减少噪声等，可提高机床的加工精度、效率。对于进一步发展集成制造系统来说，单个机床自动化水平提高后，可以大大减少人在管理机床方面的工作量。

（3）智能机床使人能有更多的精力和时间来解决机床以外的复杂问题，更能进一步发展智能机床和智能系统。

数控系统的开发创新，对于机床智能化起到了极其重大的作用。它能够收容大量信息，对各种信息进行储存、分析、处理、判断、调节、优化、控制。智能机床还具有重要功能，如：工夹具数据库，对话型编程，刀具路径检验，工序加工时间分析，开工时间状况解析，实际加工负荷监视，加工导航、调节、优化，以及适应控制。

信息技术的发展及其与传统机床的相融合，使机床朝着数字化、集成化和智能化的方向发展。数字化制造装备、数字化生产线、数字化工厂的应用空间将越来越大。而采用智能技术来实现多信息融合下的重构优化的智能决策、过程适应控制、误差补偿智能控制、复杂曲面加工运动轨迹优化控制、故障自诊断和智能维护以及信息集成等功能，将大大提升成形和加工精度、提高制造效率。

 相关链接 ···

工业机器人与数控机床集成应用，助力智能工厂从概念走向现实

自动化需求的提升，工业机器人应用得到更大的拓展，除传统的焊接应用外，机器人在机床上下料、物料搬运码垛、打磨、喷涂、装配等领域也得到了广泛应用。金属成形机床是机床工具的重要组成部分，成形加工通常与高劳动强度、噪声污染、金

属粉尘等联系在一起，有时处于高温高湿甚至有污染的环境中，工作简单枯燥，企业招人困难。工业机器人与成形机床集成，不仅可以解决企业用人问题，同时也能提高加工效率和安全性，提升加工精度，具有很大的发展空间。

1.数控折弯机集成应用

机器人折弯集成应用主要有两种方式。

一是以折弯机为中心，机器人配置真空吸盘，磁力分为上料架、定位台、下料台、翻转架形成折弯单元。

二是机器人与激光设备或数控转台冲床、工业机器人行走轴，板料传输线，定位台，真空吸盘抓手形成的板材柔性加工线。

比如，埃斯顿利用自己在机器人控制系统与机床数控系统的技术和平台，实现无缝连接，开发折弯软件包，对折弯过程中机器人托料实现闭环控制。在不同折弯速度下，机器人实现自动匹配的完全跟踪，折弯软件包也使折弯示教时间从过去2～3天缩短到2～3小时。在开关柜、文件柜、电梯、防盗门等加工中得到很好应用。

埃斯顿开发的数控折弯机

2.压力机冲压集成应用

机器人与压力机冲压集成应用主要有两种方式。

一是单台机器人冲压上下料：通过机器人将板料从拆垛台移送到定位台，定位后再移送到压力机模具中实施冲压，冲压结束后，通过机器人取料放入堆垛台，实现单台压力机机器人自动上下料。

二是机器人冲压连线：通过多台机器人在多台压力机之间建立冲压连线。根据加工工件成形工艺要求，需要多台压力机配合加工，整条生产线由拆垛机器人、上料机器人、压力机之间传输搬运机器人、尾线机器人组成。与直线坐标的机械手相比，工业机器人更有柔性，对模具没有等高要求，容易集成。

机器人冲压连线

3.热模锻集成应用

热模锻生产线通常由两台模锻压机组成，一台用于冲压，另一台用于切边。热模锻机器人集成应用通常配置两台机器人，一台负责将中频炉处理后的高温物料移送给冲压成形模锻压机，另一台负责从冲压成形模锻压机取料后移送到另一台模锻压机进行切边。为防止高温冲压工件粘住模具，需要每次冲压后对模具进行石墨润滑，润滑可以由机器人完成，也可以采用专门机构实现。在模锻压机安装电子凸轮控制系统，使模锻压机运行与机器人运行协调，提高加工效率，提升系统的安全性。

4.焊接应用

焊接是成形机床板材加工后道工序，机器人焊接有电阻焊和弧焊两种类型，焊接机器人应用占整个机器人应用的40%以上。弧焊应用是以机器人为核心，配置焊机、送丝机、焊枪、工装夹具等组成焊接工作站。电阻焊应用是以机器人为核心，配置点焊枪、焊接控制器、水气单元、管线包、工装夹具等组成点焊工作站。

机器人是先进制造技术和自动化装备的典型代表，智能化工业装备已经成为全球制造业升级转型的基础。工业机器人与数控机床集成应用，使智能制造与数字化车间、智能工厂从概念走向现实。

三、3D打印（增材制造）

增材制造俗称3D打印，是直接将虚拟的数字化实体模型转变为产品，极大地简化了生产流程，降低研发成本，缩短研发周期，使得任意复杂结构零部件的生产成为可能。目前，3D打印技术在汽车、医疗、航天航空、工业设计、建筑等领域都有应用。

（一）3D打印的原理

日常生活中使用的普通打印机可以打印电脑设计的平面物品，而3D打印机与普通打印机工作原理基本相同，只是打印材料有些不同。普通打印机的打印材料是墨水和纸张，而3D打印机内装有金属、陶瓷、塑料、砂等不同的"打印材料"，是实实在在的原材料，打印机与电脑连接后，通过电脑控制可以把"打印材料"一层层叠加起来，最终把计算机上的蓝图变成实物。

通俗地说，3D打印机是可以"打印"出真实的3D物体的一种设备，比如打印一个机器人、打印玩具车，打印各种模型，甚至是食物等。

3D打印存在着许多不同的技术。3D打印常用材料有尼龙玻纤、耐用性尼龙材料、石膏材料、铝材料、钛合金、不锈钢、镀银、镀金、橡胶类材料。

（二）3D打印的优势

随着经济发展速度加快和新兴尖端技术的出现，传统制造业的诸多弊端逐渐暴露，比如使用大量人员进行重复作业，产能低、能耗高，生产规模和生产效率仍有较大提升空间等。而3D打印技术的出现给了制造业全面转型升级的契机和依据。具体来讲，3D打印技术在制造业的研发、生产等过程中所具有的优势主要如图4-10所示。

优势一　**省时省力，提高生产效率**

传统制造业以"全球采购、分工协作"为主要特征，组成产品的不同部件在异地生产后，再运到同一个地方进行组装。与传统制造业不同，采用3D打印进行生产制造是"整体制造、一次成型"，这就省去了产品各个零部件通过物流运输进行组装的环节，节约了成本

优势二　**可实现分布式制造，使生产过程更高效、便利**

传统制造业以生产线为核心、以工厂为主要载体，生产设备高度集中。采用3D打印技术与制造业进行融合，使得生产设备可以分散在各地，从而实现分布式制造。这种制造模式省去了仓储环节，使得生产过程更加高效、便利

优势三　**缩短原型产品的研发和试验时间**

在原型产品制作方面，3D打印具有明显的原型产品快速制造优势。采用3D打印技术制造的原型产品大大缩短了研发和实验时间，加快了企业研发生产进度，同时还避免了许多创意想法受限于传统制造工艺无法实现的窘境

优势四　**可以实现更清洁高效的生产，有利于保护环境**

采用3D打印技术提高材料利用率可以实现更清洁高效的生产，有保护环境的重要作用。在产品制造中，3D打印摒弃了笨重复杂的材料，即使是生产剩余的部分可以成为新的3D打印材料，这对保护环境、减少资源浪费、实现可持续发展有着极其重要的意义

图4-10　3D打印的优势

提醒您

在我国制造业处在发展方式转型和新旧动能转换的大背景下，将3D打印技术运用于制造业进行高效生产已经成为业界共识。

（三）3D打印的核心价值

3D打印作为智能制造的重要组成部分，它在个性化定制、复杂的生产方面有着非常重要的突出作用，它极大地提高了整个产品的生产速度，可以说降低了产品生产成本。

比如，航空航天军工的零部件，如果按传统的做法需要去开模做，但如果是用3D打印来做，就可以直接设计好了，直接上机，直接可以生产出需要的零部件出来。这个周期是非常短的，而且成本是非常低的。

3D打印还实现了互联网、物联网全球生产的功能。比如在北京设计，可以在湖南生产；在上海设计，可以在南京生产。这样形成一个全网的线上设计、线下生产，即时设计、即时生产的功能。

（四）3D打印的应用领域

3D打印技术作为一种增材制造技术，从过去常用于制造模型，到现在逐渐实现产品的直接制造，尤其在工业领域的应用，发展非常迅猛。3D打印技术在珠宝、鞋类、工业设计、建筑、工程施工、汽车、航空航天、牙科和医疗、教育、地理信息系统、土木工程、军事以及其他领域都有所应用。

 相关链接

世界首个万吨级铸造3D打印智能工厂

宁夏的银川经济技术开发区，由该辖区企业共享集团股份有限公司投资建设的世界首个万吨级铸造3D打印成形智能工厂——共享装备铸造成形智能工厂2018年6月宣告建成。

共享集团负责人表示："我们的共享装备铸造3D打印智能工厂综合技术优势显著，实现了铸造3D打印产业化应用的国内首创，其设备、工艺、软件、硬件等铸造3D打印产业化应用综合集成技术领跑世界，将推动铸造3D打印等新技术与产业的融合，实现铸造3D打印等新技术的产业化应用，有助于带动产业链上下游的发展。"

据介绍，共享装备铸造3D打印智能工厂于2016年11月开工建设。工厂设计砂芯产能2万吨/年，主要设备有3D打印机（黏结剂喷射）12台、桁架机器人系统1套、移动机器人1台、智能立体库1套等。共享装备铸造3D打印智能工厂建成后，将在多方面实现首创，为铸造行业绿色智能转型提供示范。

共享（kocel）IDream工业级铸造砂型3D打印机

干净整洁的车间，一改传统铸造业粉尘大、噪声大，工人汗流浃背的"傻大黑粗"外在形象，12台3D打印设备有条不紊地运行。3D打印设备的"小房子"里，随着砂箱推入，铺砂器铺砂，打印喷头喷出树脂，交替进行。每层砂的厚度只有0.3毫米，是一粒砂的直径大小。3D打印的各种规格的砂芯也是由智能无人驾驶运载工具进行无缝运载作业。在铸造3D打印智能工厂车间里，移动机器人、桁架机器人、微波烘干设备、立体仓库等组成智能流水线，生产效率是同等规模传统铸造的5倍以上。

运营中心

铸造3D打印智能工厂二楼的运营中心是管理技术人员日常工作的地方。通过大屏幕，可以看到不同颜色分别代表设备的停机、工作状态，是否需要保养等。设备开动、停机、计划下达情况等都在这里汇集。通过建设物联网实现设备数据采集、存储、上传至云信息系统，在共享工业云上实现业务集成，打通人、设备、系统之间的数据通道，实现高效协同。

早在2008年，共享装备提出"迎接一个全新的世界"，推行"全面数字化管理"，开始探索转型升级。2012年，该公司在总结两化融合推进实践经验的基础之上，进一步提出"数字化（智能化）引领、创新驱动、绿色制造、效率倍增"的转型升级方针，明确了向"技术创新型企业和数字化企业"转变的目标。基于三座数字化智能化示范工厂的建设实践，共享装备形成了"云＋网＋厂"的新一代铸造智能工厂架构。

有关人士表示，3D打印智能工厂基于3D打印机、AGV、桁架机器人、立体库等智能装备、传感器、智能单元管理与控制系统的建设，利用物联网实现设备数据采集、存储并上传至云信息系统，在行业云（共享工业云）上实现业务集成，打通人、设备、系统之间的数据通道，实现高效协同。

四、智能传感器

智能传感器（Intelligent Sensor）是一种将待感知、待控制的参数量化并集成应用于工业网络的新型传感器，具有高性能、高可靠性、多功能等特性，带有微处理机系统，具有信息感知采集、诊断处理、交换的能力，是传感器集成化与微处理机相结合的产物。

（一）智能传感器的重要性

如果把智能工厂比作一个人的话，那么传感器就是一个人的耳鼻口，承载着一个人的所有感官，是数据的收集者，有些还是命令的执行者，如图4-11所示。

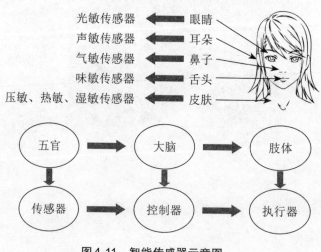

图4-11　智能传感器示意图

传感器在工业智能化的生产过程中，具有举足轻重的作用。在智能化生产中，需要各种传感器来监控生产过程中的各个环节，使设备工作在正常状态或最佳状态，传感器技术的发展对工业智能化起了很大的推动作用。

信息化与工业化的深度融合，使得工业智能化进入到一个全新的发展阶段。信息化首先要解决的就是制造数据的采集、传输及分析，数据采集主要是将生产现场所有装备的制造数据进行采集，并将其存储到数据中心，并按照需求进行显示，实现监控，成为信息化的一个基础信息平台，再就是进行生产信息的数据集成，从而实现完整的制造业信息化。

现代工厂智能化系统的信息数据传递越来越依赖于智能传感器，随着传感器变得更加智能，它们可以更好地对其所检测的工作进行评估，并能按时完成工作任务。越来越多的智能技术被用在传感器上，网络技术也已经开始与传感器紧密结合，形成新一代的智能传感器。智能传感器的应用必须让生产线保持健康的运行，通过降低网络延迟和实现实时通信，提高设备的运行性能。

（二）智能传感器的特点

与一般传感器相比，智能传感器具有图4-12所示的三个特点。

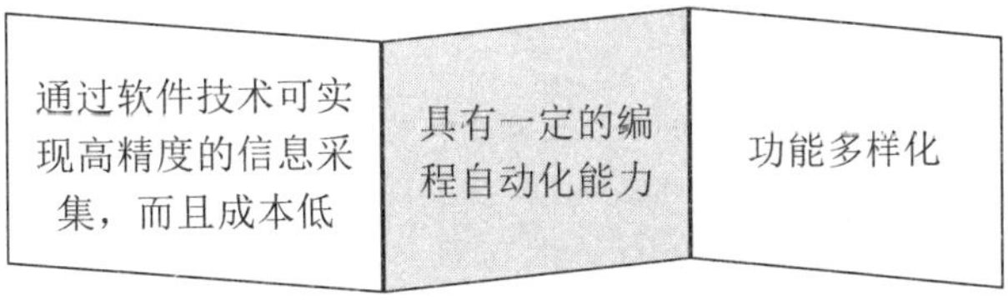

图4-12　智能传感器的特点

（三）智能传感器的功能

智能传感器系统是一门现代综合技术，是当今世界正在迅速发展的高科技新技术，具有图4-13所示的功能。

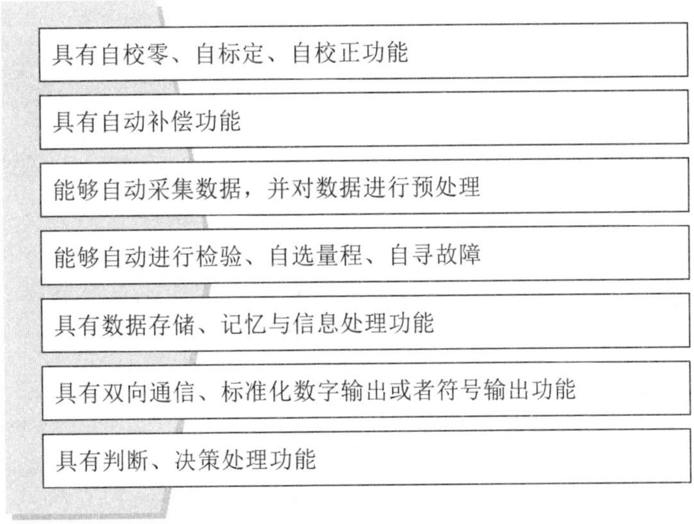

图4-13　智能传感器的功能

（四）智能传感器的应用

智能传感器已广泛应用于航天、航空、国防、科技和工农业生产等各个领域中。比如，它在机器人领域中有着广阔应用前景，智能传感器使机器人具有类人的五官和大脑功能，可感知各种现象，完成各种动作。

在工业生产中，利用传统的传感器无法对某些产品质量指标（例如黏度、硬度、表面光洁度、成分、颜色及味道等）进行快速直接测量并在线控制。而利用智能传感器可直接测量与产品质量指标有函数关系的生产过程中的某些量（如温度、压力、流量等），利用神经网络或专家系统技术建立的数学模型进行计算，可推断出产品的质量。

五、智能物流仓储装备

智能物流仓储在减少人力成本消耗和空间占用、大幅提高管理效率等方面具有优势，是降低企业仓储物流成本的终极解决方案。智能物流仓储装备主要包括自动化立体仓库、巷道式堆垛机、出入库输送系统、自动控制系统等。

（一）自动化立体仓库

自动化立体仓库又称立库、高层货架仓库、自动仓储AS/RS（Automated Storage and Retrieval System）。它是一种用高层立体货架（托盘系统）储存物资，采用电子计算机控制与人工控制相结合的巷道式起重设备取送货物的一种新型仓库。仓库的功能从单纯地进行物资的储存保管，发展到担负物资的接受、分类、计算、包装、分拣配送、存档等多种功能（见图4-14）。

图4-14　自动化立体仓库

自动化立体仓库系统由货架、堆垛机、出入库输送机、自动控制系统与管理信息系统等构成，能按照指令自动完成货物的存取作业，并对仓库的货物进行自动化管理，使物料搬运仓储更加合理。由于采用货架储存，并结合计算机管理，可以容易地实现先入先出、发陈储新的出入库原则，防止货物自然老化、变质、生锈等现象的出现。

1.高层货架

通过立体货架实现货物存储功能，充分利用立体空间，并起到支撑堆垛机的作用。根据货物承载单元的不同，立体货架又分为托盘货架系统（见图4-15）和周转箱货架系统。

图4-15 托盘货架系统

2.巷道式堆垛机

巷道式堆垛机是自动化立体仓库的核心起重及运输设备，在高层货架的巷道内沿着轨道运行，实现取送货物的功能。巷道式堆垛机主要分为单立柱堆垛机（见图4-16）和双立柱堆垛机。

3.出入库输送系统

巷道式堆垛机只能在巷道内进行作业，而货物存储单元在巷道外的出入库需要通过出入库输送系统完成。常见的输送系统有传输带、RGV、AGV、叉车、拆码垛机器人（见图4-17）等，输送系统与巷道式堆垛机对接，配合堆垛机完成货物的搬运、运输等作业。

图4-16 单立柱堆垛机

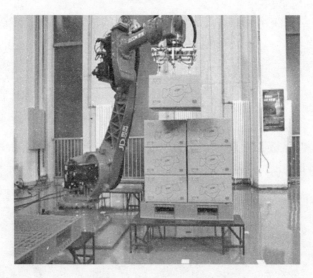

图4-17　拆码垛机器人

4.周边设备

周边辅助设备包括自动识别系统、自动分拣设备等，其作用都是为了扩充自动化立体仓库的功能，如可以扩展到分类、计量、包装、分拣等功能。

5.自动控制系统

自动控制系统是整个自动化立体仓库系统设备执行的控制核心，向上连接物流调度系统，接受物料的输送指令，向下连接输送设备实现底层输送设备的驱动、输送物料的检测与识别，完成物料输送及过程控制信息的传递。

> **提醒您**
>
> 自动控制系统主要是采用现场总线的方式，控制设备工作。管理控制系统是自动化立体仓库的软件部分，它决定了自动化立体仓库得以自动化、智能化、无人化作业。

6.仓储管理系统

仓储管理系统是对订单、需求、出入库、货位、不合格品、库存状态等各类仓储管理信息的分析和管理。该系统是自动化立体仓库系统的核心，是保证立体库更好使用的关键。

（二）电子标签系统

电子标签即RFID标签，是RFID的俗称。RFID是Radio Frequency Identification

（无线电射频识别）的缩写，是一种通信技术，可通过无线电讯号识别特定目标并读写相关数据，而无需识别系统与特定目标之间建立机械或光学接触。最基本的电子标签系统由以下三部分组成。

1.标签

电子标签也称为应答器或智能标签，由耦合元件及芯片组成，每个标签具有唯一的电子编码，高容量电子标签有用户可写入的存储空间，附着在物体上标识目标对象。图4-18为托盘类电子标签。

图4-18　托盘类电子标签

2.读写器

读写器是手持或固定式读取（有时还可以写入）标签信息的设备。读写器是构成RFID系统的重要部件之一，由于它也能够将数据写到RFID标签中，因此称为读写器。图4-19和图4-20分别为固定式读写器和手持式读写器。

图4-19　固定式读写器　　　　图4-20　手持式读写器

3.天线

天线是一种以电磁波形式把前端射频信号功率接收或辐射出去的设备，在标签和阅读器间传递射频信号。在RFID系统中，天线分为电子标签天线和读写器天线两大类，分别承担接收能量和发射能量的作用。

（三）自动化运输系统

自动化运输系统主要包括皮带输送线、滚筒输送线以及托盘输送线等，主要用于纸箱和周转箱的输送，相关厂家主要有瑞仕格、德马泰克、德马等。这个系统很多厂家都能做，其技术含量比其他要相对低一些。

1.皮带输送线

皮带输送线也称皮带输送机，是运用输送带的连续或间歇运动来输送各种轻重不同的物品，既可输送各种散料，也可输送各种纸箱、包装袋等单件重量不大的件货，用途广泛。

皮带输送机的结构形式有槽型皮带机（见图4-21）、平型皮带机（见图4-22）、爬坡皮带机（见图4-23）、转弯皮带机（见图4-24）等多种形式。

图4-21　槽型皮带机

图4-22　平型皮带机

图4-23　爬坡皮带机

图4-24　转弯皮带机

输送带的材质有橡胶、硅胶、PVC（聚氯乙烯）、PU（聚氨酯）等多种材质，除用于普通物料的输送外，还可满足耐油、耐腐蚀、防静电等有特殊要求物料的输送。采用专用的食品级输送带，可满足食品、制药、日用化工等行业的要求。

皮带输送机可应用于轻工、电子、食品、化工、木业、机械等行业。

2.滚筒输送线

滚筒输送线是指能够输送单件重量很大的物料，或承受较大的冲击载荷的机械。适用于各类箱、包、托盘等件货的输送，散料、小件物品或不规则的物品需放在托盘上或周转箱内输送。如图4-25所示。

滚筒输送线适用于电子、饮料、食品、包装、机械、电子、轻工、烟草、化工、医药、橡塑、汽摩、物流等行业。

3.托盘输送线

托盘输送线是指在驱动装置的驱动下，利用滚筒或链条作为承载物，对托盘及其上的货物进行输送。如图4-26所示。

托盘输送线具有能输送较重的货物，输送能力大，安全、经济的优点。托盘输送机适用于对食品、罐头、药品、饮料、化妆品和洗涤用品等的输送。

（四）自动分拣系统

自动分拣系统（Automatic Sorting System）是先进配送中心所必需的设施条件之一，可将随机的、不同类别、不同去向的物品，按产品的类别或产品目的地，从产品仓库或者是货架，经过拣选后按照系统要求的路径送到仓库出货装车位置。自动分拣系统具有很高的分拣效率，通常每小时可分拣商品6000～12000箱，如图4-27所示。

自动分拣系统一般由控制装置、分类装置、输送装置及分拣道口组成。

1.控制装置

控制装置的作用是识别、接收和处理分拣信号，根据分拣信号的要求指示分类装置，按商品品种、按商品送达地点或按货主的类别对商品进行自动分类。

这些分拣需求可以通过如图4-28所示的不同方式，输入到分拣控制系统中去，根据对这些分拣信号的判断，来决定某一种商品该进入哪一个分拣道口。

图4-25 滚筒输送线

图4-26 托盘输送线

图4-27 自动分拣系统

图4-28　分拣需求的读取方式

2.分类装置

分类装置的作用是根据控制装置发出的分拣指示，当具有不同分拣信号的商品经过该装置时，将改变在输送装置上的运行方向进入其他输送机或其他分拣道口。

分类装置的种类很多，一般有图4-29所示的几种，不同的装置对分拣货物的包装材料、包装重量、包装物底面的平滑程度等有不完全相同的要求。

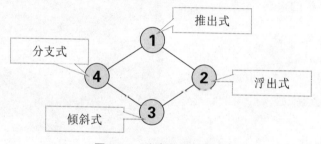

图4-29　分类装置的种类

3.输送装置

输送装置的主要组成部分是传送带或输送机，其主要作用是使待分拣商品通过控制装置、分类装置，到达分拣道口，使分好类的商品滑下主输送机（或主传送带）以便进行后续作业。

4.分拣道口

分拣道口是已分拣商品脱离主输送机（或主传送带）进入集货区域的通道，一般由钢带、皮带、滚筒等组成滑道，使商品从主输送装置滑向集货站台，在那里由工作人员将该道口的所有商品集中后，或是入库储存，或是组配装车并进行配送作业。

提醒您

以上四部分装置通过计算机网络联结在一起，配合人工控制及相应的人工处理环节构成一个完整的自动分拣系统。

（五）机器人分拣系统

基于快递物流客户高效、准确的分拣需求，分拣机器人系统应运而生。将分拣机器人系统与工业相机的快速读码及智能分拣系统相结合，可实现包裹称重、读码后的快速分拣及信息记录交互等工作，如图4-30所示。

图4-30　分拣机器人

分拣机器人系统可大量减少分拣过程中的人工需求，提高分拣效率及自动化程度，并大幅度提高分拣准确率。一般来说，机器人分拣系统的作业流程如图4-31所示。

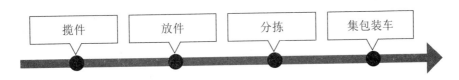

图4-31　机器人分拣系统的作业流程

1.揽件

包裹到达分拣中心后，卸货至皮带机，由工作人员控制供件节奏，包裹经皮带机输送至拣货区工位。

2.放件

工人只需将包裹以面单朝上的方向放置在排队等候的自动分拣机器人上，机器人搬运包裹过龙门架进行面单扫描以读取订单信息，同时机器人可自动完成包裹称重，该包裹的信息将直接显示并上传到控制系统中。

3.分拣

所有分拣机器人均有后台管理系统控制和调度，并根据算法优化为每个机器人安排最优路径进行包裹投递。

比如，Geek+的S系列分拣机器人在分拣作业过程中可完成互相避让、自动避障等功能，系统根据实时的道路运行状况尽可能地使机器人避开拥堵。当机器人运行至目的地格口时，停止运行并通过机器人上方的辊道将包裹推入格口，包裹顺着滑道落入一楼集包区域。目的地格口按照城市设置。未来随着业务量的增加，可灵活调度调节格口数量，甚至一个城市分布多个格口。

4.集包装车

集包工人打包完毕后，将包裹放上传送带，完成包裹的自动装车。

提醒您

随着大数据算法的日趋完善化、快递邮件信息逐步标准化、智能控制系统集成化，分拣机器人系统已成为物流业由劳动密集型产业向批量智能化转型的产物。

（六）货到人拣选系统

所谓"货到人"拣选系统，简单来说就是在物流中心的拣选作业过程中，由自动化物流系统将货物搬运至固定站点以供拣选，即：货动，人不动。如图4-32所示。

图4-32 "货到人"拣选

一般"货到人"系统主要由储存系统、输送系统、拣选工作站三大部分组成。

（1）储存系统是基础，其自动化水平决定了整个"货到人"系统的存取能力，随着拆零拣选作业越来越多，货物存储单元也由过去的以托盘为主转向纸箱/料箱为主。

（2）输送系统负责将货物自动送到拣货员面前，它需要与快速存取能力相匹配。

（3）拣选工作站完成按订单拣货，拣货人员借助电子标签、RF、称重、扫描等一系列技术，提高拣货速度与准确率。

（七）语音自动化拣选系统

语音拣选系统是仓储系统的一部分，是一款新型的仓储内部管理语音分拣系统，简称VPS（Virtual Private Server，虚拟专用服务器），通常与仓储系统配套使用。

语音技术是一种国际先进的物流应用技术，它是将任务指令通过TTS（Text To Speech）引擎转化为语音播报给作业人员，并采用波型对比技术将作业人员的口头确认转化为实际操作的技术。在欧美很多国家，企业通过实施语音技术提高了员工拣选效率，从而降低了最低库存量及整体运营成本，并且大幅减少错误配送率，最终提升企业形象和客户满意度。

语音拣选可以简单地分为三个步骤：首先操作员听到语音指示，指令给了作业人员一个巷道号和货位号，系统要求他说出货位校验号；第二步操作员会把这个货位校验号读给系统听，确认后，作业系统会告诉他所需选取的商品和数量；第三步操作员从货位上搬下商品，然后进入下一个流程，整个操作过程非常简单。而且，这个技术对操作员的口音是没有要求的，各地的口音和方言，语音技术都能很方便地识别。语音技术的应用，可以加快工作速度，提高工作效率和准确率。

简单作业流程如图4-33所示。

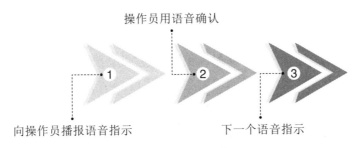

图4-33　简单作业流程

VPS语音系统移动端通过耳机下达语音拣货任务，拣货人员获取任务，然后拣货人员到达指定地点扫描旧箱号、换新箱号，通过耳麦语音回复拣货内容，直到拣货完成。

VPS语音拣选系统的应用可为企业带来图4-34所示的效益。

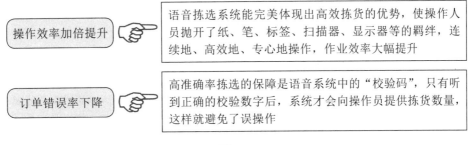

图4-34

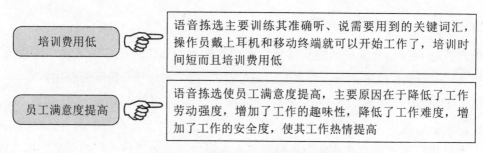

培训费用低	语音拣选主要训练其准确听、说需要用到的关键词汇，操作员戴上耳机和移动终端就可以开始工作了，培训时间短而且培训费用低
员工满意度提高	语音拣选使员工满意度提高，主要原因在于降低了工作劳动强度，增加了工作的趣味性，降低了工作难度，增加了工作的安全度，使其工作热情提高

图4-34　语音拣选系统的应用效益

六、智能检测与智能装备

随着智能传感器的不断发展，各种算法不断优化，智能检测和智能装配在航空航天、汽车零部件、半导体电子医药医疗等众多领域都得到了广泛应用。

（一）智能检测

基于机器视觉的多功能智能自动检测装备可以准确分析目标物体存在的各类缺陷和瑕疵，确定目标物体的外形尺寸和准确位置，进行自动化检测、装配，实现产品质量的有效稳定控制，增加生产的柔性、可靠性，提高产品的生产效率。

机器视觉检测设备经常用于工厂质检中，常见的产品检测主要是电感、电容、电阻、密封圈的毛刺披锋起泡等外观尺寸问题，相比于QC人员质检，有着一些相同的地方以及一些不同的地方。以下是两者之间的相同点与不同点。

机器视觉检测设备与人工质检的相同点：都是用视觉来检测产品的外观尺寸缺陷，都可以筛选出产品的不良品。

机器视觉检测设备与人工质检主要有图4-35所示区别。

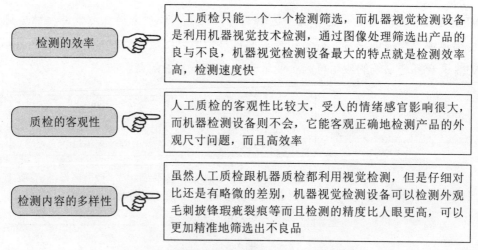

检测的效率	人工质检只能一个一个检测筛选，而机器视觉检测设备是利用机器视觉技术检测，通过图像处理筛选出产品的良与不良，机器视觉检测设备最大的特点就是检测效率高，检测速度快
质检的客观性	人工质检的客观性比较大，受人的情绪感官影响很大，而机器检测设备则不会，它能客观正确地检测产品的外观尺寸问题，而且高效率
检测内容的多样性	虽然人工质检跟机器质检都利用视觉检测，但是仔细对比还是有略微的差别，机器视觉检测设备可以检测外观毛刺披锋瑕疵裂痕等而且检测的精度比人眼更高，可以更加精准地筛选出不良品

图4-35　机器视觉检测设备与人工质检的差别

案例 01

不可见光（X 射线）在数字孪生中的应用设备

在高端的精密制造中，可靠的质量检验手段与方法至关重要。对于物体内部构造而言，利用 X 光射线的透视功能作为检验方法是有效的手段之一。

同样，数字孪生制造中，也需要借助这一手段进行内部结构的三维重新构造，与设计的要求数据进行比对，从而保证产品质量的高度可靠性。

日联科技 LX9200 在线式 X-Ray 自动检测设备主要分为 2D 和 3D 检验。2D 检验为透射 X 射线检验法，对于单面板上的元件焊点可产生清晰的视像，但对于广泛使用的双面贴装线路板，效果较差，尤其检测点的两面焊点的视像重叠而极难分辨，需要借助治具承载或旋转角度辅助测试。3D 检验法采用分层技术，即将光束聚焦到任何一层并将相应图像投射到一高速旋转的接受面上，由于接受面高速旋转使位于焦点处的图像非常清晰，而其它层上的图像则被消除，故 3D 检验法可对线路板两面的焊点独立成像，这类设备一般既具有 2D 检测功能，又可支持选配 3D CT 算法。

2D-BGA　　　　AXI-PCBA　　　　CT-IC

在线式 X-Ray 自动检测设备（1）

LX2000在线式X-Ray检测设备是一款检测区域大、解析度高、检测效率高的在线式X-Ray检测系统。设备自带上下料轨道，可选配自动扫码、NG品打标、NG品分拣的功能模块，高速CNC巡航自动测算，单FOV最快0.6秒，提供气泡检测，BGA/IC/LED/IGBT/各种CHIP件检测等众多通用算法，配置Rework复判服务器，实现批量生产数据存储、统计报表生成、SPC过程控制、MES系统定制接入等功能。该设备采用轨道式传输系统，能接驳SMT生产线，完全满足全天候大批量自动在线全检的功能。

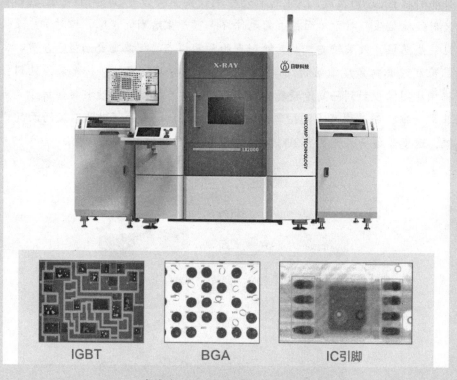

在线式X-Ray自动检测设备（2）

在CT功能下，各种电子器件的结构图如下。

航空连接器内部金属结构图。

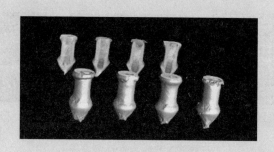

手机CPU芯片焊接完毕后，BGA球状结构图。

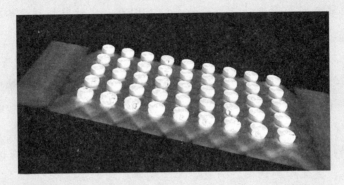

放大650倍下，QFP焊点及内部3D结构图。

该高端检测设备具有以下功能。

（1）产品设计综合考虑智造行业特点、应用场所环境以及人体工程学理念，设备融合了先进的工业设计元素，整体外形简约美观。

AI智能识别系统

（2）设备的检测精度高，图像综合放大倍率达3500倍。

（3）远程移动监控管理功能。通过手机APP可以实时监控到设备的运行状态（设备的电压电流，能耗管理，安全泄露管理）。

（4）智能检测云平台。云控制中心及集团质量中心可实时对设备状态进行监控，可根据现场检测情况进行联动，如自动报警、部署人力、应急指挥等；同时云存储与云数据分类，保证数据实时上传云服务器，终端溯源、推送图片等功能，实现图形数据永不丢失，防止数据丢失或站点损坏。

（5）条码扫描或RFID探测扫描功能。设备含有读码装置，可以读取检测物品上的条形码信息，关联检测结果，为数字孪生提供基础数据。

案例 02

神州视觉 ALeader 3D AOI 检测仪

神州视觉 ALeader 3D AOI

面对间距细小QFN、LGA等微型结构的元件检测，且具高可靠性品质要求，2D技术难以检测，神州视觉 ALeader 3D AOI结合高亮度高色度的蓝光技术以及摩尔条纹的3D成像超高稳定性，完美诠释了臻实的3D视觉，克服了2D技术无法对翘曲、假焊、虚焊等贴装焊接缺陷的检测。

产品特性如下。

3D AOI具有多向环绕的全覆盖投影技术，确保3D检测能力；运用国际先进的专利算法，使每一个FOV在0.6秒即可完成；3D数值化可优化SMT整个制程，实现更高的自动化，同时具有完善的IPC标准公共库、简易的操作界面，使编程得心应手。

（二）智能装配

数字化智能装配系统可以根据产品的结构特点和加工工艺以及供货周期进行全局规划，最大限度地提高装配设备的利用率。

第二节　智能装备关键技术

智能制造是由智能装备与互联网协同创新而来。智能装备即是智能硬件发展而来，使传统制造装备拥有了诸如分析、推理、判断、构思和决策等各种仿人类智能活动。而互联网技术则将过去单一设备的制造加工延展到分布式制造网络环境中，在单体装备智能基础上叠加网络群体智慧，实现了基于互联网的全球制造网络环境下的智能制造系统。智能制造在制造的全生命周期中进行感知、分析、推理、决策与控制，实现产品需求的动态响应。要实现一个生产系统的智能制造，关键智能基础共性技术需要突破，这其中涉及到如下关键技术。

一、识别技术

识别功能是智能制造环节关键的一环，需要的识别技术主要有射频识别（RFID）技术、基于三维图像识别技术，以及物体缺陷自动识别技术。

（一）射频识别技术

射频识别（RFID，Radio Frequency Identification）技术又称为无线射频识别，是一种无线通信技术，可以通过无线电信号识别特定目标并读写相关数据，而无需识别系统与特定目标之间进行机械或光学接触。常用的无线射频有低频、高频和超高频3种，而RFID读写器分为移动和固定式两种。射频识别是一种自动识别技术，它将小型的无线设备贴在物件表面，并采用RFID阅读器进行自动远距离读取，提供了一种精确、自动、快速地记录和收集目标的工具。

（二）基于三维图像识别技术

基于三维图像物体识别的任务是识别出图像中有什么类型的物体，并给出物体在图像中所反映的位置和方向，是对三维世界的感知理解。在结合了人工智能科学、计算机科学和信息科学之后，三维物体识别是智能制造系统中识别物体几何情况的关键技术。

（三）物体缺陷自动识别技术

物体缺陷，无论是表面缺陷还是内部缺陷，都将会给物体材料、结构带来严重的力学性能下降，其中应力集中现象会非常严重地影响材料的力学性能。因而，对物体进行缺陷检测就显得十分必要。不同材料有不同的缺陷识别方法，计算机视觉技术的发展，机器视觉的物体缺陷检测技术愈加受到重视，该检测系统不受恶劣环境和主观因素影响。

基于机器视觉的物体缺陷自动识别技术，在智能制造系统中对产品的检测与评估有着重要作用。

二、RTLS实时定位系统

在实际的生产制造现场，需要对多种材料、零件、工具、设备等资产进行实时跟踪管理。在制造的某个阶段，材料、零件、工具等需要及时到位和撤离；生产过程中，需要监视在制品的位置行踪，以及材料、零件、工具的存放位置等。这样，在生产系统中需要建立一个实时定位网络系统，以完成生产全程的实时位置跟踪。

实时定位系统（RTLS，Real Time Location System）由无线信号接收传感器和标签无线信号发射器等组成。一般地，被跟踪目标贴上有源RFID标签，在室内布置3个以上阅读器天线，使用有源RFID标签来发现目标位置。3个阅读器天线接收到标签的广播信号，每个信号将接收时间传递到一个软件系统，使用三角测量来计算目标位置。

RTLS通常建在一个建筑物内或室外识别和实时跟踪对象的位置。

RTLS的物理层技术通常是某种形式的射频通信，但一些系统使用了光学（通常是红外）或声（通常是超声波）技术代替了无线射频。标签和固定参考点可以布置发射器和接收器，或两者兼而有之。目前，室内实时定位系统通常采用超声、红外、超宽带（UWB）、窄频带等技术，在带宽、精度、墙体穿透性、抗干扰能力等方面存在各自的特点，其技术性能各有差异。经过测试和实践，超宽带的综合性能最优，所以在许多生产制造现场广泛采用了基于超宽带的实时定位系统。

三、无线传感器网络

无线传感器网络（WSN，Wireless Sensor Networks）是一种分布式传感网络，它的末梢是可以感知和检查外部世界的传感器。

无线传感器网络是由大量的静止或移动的传感器以自组织和多跳的方式构成的无线网络，以协作地感知、采集、处理和传输网络覆盖地理区域内被感知对象的信息，并最终把这些信息发送给网络的所有者。

无线传感器网络所具有的众多类型的传感器，可探测包括地震，电磁，温度，湿度，噪声，光强度，压力，土壤成分，移动物体的大小、速度和方向等周边环境的各种要素。

无线传感网络主要包括3个方面：感应、通信、计算（硬件、软件、算法）。其中的关键技术主要有无线数据库技术，如用于无线传感器网络的查询和其他传感器通信的网络技术，特别是多次跳跃路由协议，如摩托罗拉使用在家庭控制系统中的ZigBee无线协议。标准的ZigBeeTM或802.15.4对于许多低功耗、低数据率无线通信服务而言，是一个不错的选择。然而，高数据率通信则要选择802.11 WLAN无线局域网。对于工业和家庭网络来说，应优先选择ZigBee，它的一大优点是"网"功能。网状网络允许从节点到节点来传递信息，如果任何节点失败，仍然可以通过选择其他节点将信息送达目的地。

在生产系统中，要合理利用无线网络，根据任务的实时性、数据吞吐量大小、数据传输速率、可靠性等特点实施不同的无线网络技术，如监督通信、分散过程控制、无线设备网络、故障信息报警、实时定位可分别采用WLAN、RFID、ZigBee/Bluetooth、GPRS、UWB等网络技术。

四、CPS信息物理融合系统

CPS（Cyber-Physical System，信息物理融合系统）是一个综合计算、网络和物理环境的多维复杂系统，通过3C技术——即计算（Computation）、通信（Communication）和控制（Control）技术的有机融合与深度协作，实现大型工程系统的实时感知、动态控制和信息服务。

CPS也称为"虚拟网络 - 实体物理"生产系统，它将彻底改变传统制造业逻辑。在这样的系统中，一个工件就能算出自己需要哪些服务。通过数字化逐步升级现有生产设施，这样生产系统可以实现全新的体系结构。这意味着这一概念不仅可在全新的工厂得以实现，而且能在现有工厂一步步升级的过程中得到升华。 在当前的工业制造环境中，已经可以看到将要改变的迹象，从僵化的中央工业控制转变到分布式智能控制。大量的传感器以令人难以置信的精度记录着它们的环境，并作为一个独立于中心生产控制系统的嵌入式处理器系统做出自己的决策。现在唯一缺少的是综合无线网络组件，它能实现永久的交换信息，在复杂事件、临界状态和情景感知中综合不同传感器评估识别，并基于这些感知处理并制订进一步的行动计划。

CPS则可实现计算、通信与物理系统的一体化设计，可使系统更加可靠、高效、实时协同，具有重要而广泛的应用前景。CPS系统把计算与通信深深地嵌入实物过程，使之与实物过程密切互动，从而给实物系统添加新的能力。在美国，说到智能制造，提得最多的核心技术就是"信息物理融合系统"，而在欧洲，德国提出了工业4.0的概念，并将物联网技术作为核心技术。它们的核心技术是同根同源的，都是基于互联网的大规模网络嵌入式系统，坚持计算和"智能"不脱离实际生产环境，最终构建一个大规模分布式的计算系统。

五、网络安全技术

数字化推动了制造业的发展，在很大程度上得益于计算机网络技术的发展，与此同时也给工厂的网络安全构成了威胁。以前习惯于纸质的熟练工人，现在越来越依赖于计算机网络、自动化机器和无处不在的传感器，而技术人员的工作就是把数字数据转换成物理部件和组件。制造过程的数字化技术资料支撑了产品设计、制造和服务的全过程，这些信息在整个供应链得到了共享，但必须加以保护。工厂花费大量的精力以保护信息系统和网络中的技术信息，并面临一种前所未有的严峻挑战。不仅需要从防范数据盗窃方面来保护技术资源，还必须防止网络入侵破坏生产系统的安全，以避免造成正常生产运行的瘫痪。面对网络安全，生产系统采取了一系列IT安全保障技术和措施，如防火墙、入侵预防、病毒扫描器、访问控制、黑白名单、信息加密等。例如著名的波音公司应用回程连接的安全边界技术来实施企业内部网络与外部IT网络的隔离，取得了很好的效果。

制造企业对于智能制造系统的实施前提必须做好网络安全，以避免损失和不可计量的后果。

网络安全技术指保障网络系统硬件、软件、数据及其服务的安全而采取的信息安全技术。网络安全技术主要包括图4-36所示几个方面。

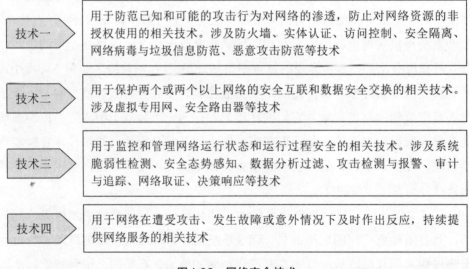

图4-36　网络安全技术

六、先进控制与优化技术

智能制造系统生产过程中，生产产品的控制和优化是重要环节，涉及到的技术很多，诸如工业过程多层次性能评估技术、基于海量数据的建模技术、大规模高性能多目标优化技术，大型复杂装备系统仿真技术、高阶导数连续运动规划、电子传动等精密运动控制技术。

七、系统协同技术

大型制造工程项目复杂自动化系统整体方案设计技术以及安装调试技术，统一操作界面和工程工具的设计技术，统一事件序列和报警处理技术，一体化资产管理技术。

八、功能安全技术

功能安全技术包括多维精密加工工艺，精密成型工艺，焊接、粘接、烧结等特殊连接工艺，微机电系统技术，精确可控热处理技术，精密锻造技术等。

智能制造不断地创新和演变，未来仍需要使用和开发很多技术，不过需要注意的是智能制造发展方向是在实时、可靠、高效、低成本基础上解决智能制造所需的传感器技术、网络技术、人工智能技术，将日常生活中已有的通信设施、互联网资源、个人的数字化设备终端连入未来工厂中得到充分的应用。

第三节　智能装备对管理的影响

生产装备智能化升级、工艺流程优化改造、基础数据全方位共享、关键智能装备和核心部件不断突破，促进新一代信息通信技术、智能装备和器械等产业不断发展壮大，逐步形成新型制造体系。随着生产的发展，智能机械设备逐渐应用到生产、生活的多个领域，对企业的管理也产生着深远的影响。

一、智能装备改变制造模式

智能装备具有更完整的通信，更强的运算能力、人机接口控制能力、多机器沟通协作能力以及自主诊断调适等特征。智能设备的应用不仅提高了生产效率和产品质量，同时也解决了生产中人工难以攻克的技术难题，为企业创造了巨大的经济效益和社会效益。数量庞大的智能设备与突发性的物联网技术创新，使5G网络中的生产管理过程变得非常必要也异常困难。

需要注意的是，技术的发展使企业可以广泛应用智能装备（控制系统）进行智能制造。就生产模式而言，智能制造对生产管理流程和产品品质的影响尤其巨大。比如，设备上传感器的应用可以帮助企业优化制造管理流程，提升产品质量管理和效率管理；产品上的传感器可以实现对产品状态的实时监测管理，并采集产品相关数据，帮助企业了解产品使用情况，进而对产品进行改进或优化。

二、智能装备催生智能化管理模式

智能化的发展在改变制造模式的基础上，也改变了相应的管理模式，即驱动了智能化管理。产品中的数据采集传输技术可以收集顾客行为相关的数据，帮助企业了解顾客的内在需求，进而智能化地提供相应服务，提升管理的效率和质量。

目前的工业互联网正在从工业3.0转向工业4.0，5G的万物连接是实现制造业智能化升级的基础。5G和人工智能时代下的制造业将会实现海量智能设备的互联互通，设备之间利用有线或者无线的方式相互连接或者连接到互联网中，形成制造业内部信息互联网络，实现智能设备与设备之间、设备与人之间、设备与工厂之间的互联互通，连接的深度和广度都大幅增加。更重要的是，智能化产品和服务需要相应的管理模式作为支撑，企业应采取智能化管理模式。

智能化管理模式主要体现在对数据的分析与应用上。不仅仅是生产过程中的数据，还包括企业运营流程中以及企业外部的数据，通过智能化工具对生产和管理的各个方面进行不断优化，提高运营效率。很多制造企业在这方面遇到了困难，一方面是缺少对应打通数据接口的能力，另一方面也是缺少对智能化管理重要性的认识。另外，智能化管理除了需要引入智能化技术之外，还需要对企业的组织结构、人力资源管理和流程以及企业文化等方面进行大幅调整。例如，传统企业垂直化的组织结构可能不再适用于智能制造企业，数字化的发展使水平化组织结构成为主流，因其可以促进高效率决策。

三、智能装备有助于创新合作模式

在以数字化、智能化为特点的制造新时代，技术和管理缺一不可，智能制造和智能管理应受到同等重视。由于新时代的信息更加透明，企业壁垒逐渐消失，在整体资源有限的情况下，制造企业应更加注重合作模式的创新，以整合更多的资源。一方面，企业应与供应商与顾客进行更加深入的合作，数字化技术使这种合作成为可能。另一方面，传统的竞争模式不再适用于新时代企业，在信息透明化的时代，企业甚至可以探索与竞争对手合作的可能性，实现资源的互补，或者根据自身在供应网络中的地位，建立或者参与行业平台的建设，整合多方资源，通过信息的分享与吸收，进一步地实现协同创新。

第五章
智能制造软件
应用

　　我国智能制造已进入高速发展阶段，并开始大量应用云计算、大数据、机器人等相关技术。随之而来的智能制造软件系统也五花八门，导致需求用户无从着手。本章对智能制造所涉及的软件进行介绍以方便企业甄选。

第一节　智能运营管理应用软件

制造企业核心的运营管理系统包括人力资产管理系统（HCM）、客户关系管理系统（CRM）、企业资产管理系统（EAM）、能源管理系统（EMS）、供应商关系管理系统（SRM）、企业门户（EP）、业务流程管理系统（BPM）等，国内企业也把办公自动化（OA）作为一个核心信息系统。为了统一管理企业的核心主数据，近年来主数据管理（MDM）也在大型企业开始部署应用。实现智能管理和智能决策，最重要的条件是基础数据准确和主要信息系统无缝集成。

一、HCM人力资源管理

（一）何谓HCM人力资源管理

HCM（Human Capital Management）系统指的是人力资源管理系统，企业使用HCM系统，能通过线上管理提高效率，规范人力资源管理流程，从而改进原服务模式，提高信息共享效率，节约沟通成本，并通过全流程线上化实现机构信息、人员信息等人事基础数据的高效储存，通过专业数据分析，为企业经营决策提供专业建议从而支持业务发展。

（二）整合的SAP人力资源流程

整合的SAP人力资源流程如图5-1所示。

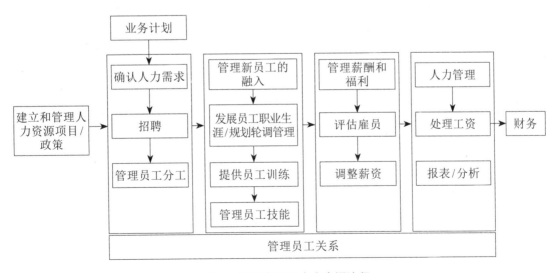

图5-1　整合的SAP人力资源流程

（三）HCM 的核心功能

HCM 的核心功能如图 5-2 所示。

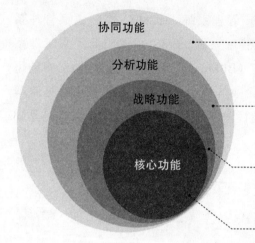

协同功能	运用协同交互、知识管理以及门户技术，进一步增强 HR 的专业服务，同时也快速地在企业中引领变革
分析功能	分析、评估以及优化现有人力资源。确保 HR 对企业的"价值与贡献"，提供先进的数据分析和报告工具，支持 HR 决策
战略功能	通过卓有成效的战略性活动，如薪酬福利、资格和技能管理、绩效测评、培训和发展、招聘等，吸引人才、开发人才、配置人才和留住人才
核心功能	HR 日常事务性工作的"流程化""自动化"，从而释放劳动力，降低事务处理成本。同时提高工作效率和准确率

图5-2 HCM 的核心功能

HCM 的功能结构如图 5-3 所示。

劳动力计划&分析	组织发展	劳动力成本计划和模拟	战略分解和链接	劳动力计划&分析	
	·分析工具 ·不同业务流程的模拟	·针对不同业务需求进行计划&预算 ·模拟未来/对比分析	·平衡计分卡	·Ad Hoc 查询 ·标准报表/法定报表 ·集成的业务内容	
人力资本管理服务递送	经理人自助服务		员工自动服务		
	·我的员工 ·我的预算 ·评估下属 ·招聘面试		·办公室 ·时间管理/商务差旅/采购 ·个人信息/福利/报酬 ·生活&工作事件/iViews ·技能&评估/训练/工作机会		
企业服务	信息协同	差旅管理	员工协同		
	·企业目标的沟通 ·企业远景的认同 ·远程访问信息	·差旅计划 ·差旅计划批准 ·差旅费用申报	·SAP 专家查询器 ·BBS/网上会议室		
员工职业生命周期管理	电子招聘	劳动力配置	绩效管理	全方位学习管理	训练&人员发展	薪酬
	·人才关系管理 ·应聘者跟踪	·项目资源计划 ·资源&方案管理 ·班次计划	·评估管理 ·目标管理MBO	·学习解决方案 ·iTutor	·技能仓库 ·员工参数 ·职业生涯规划 ·接班人计划	·薪资策略&管理 ·薪资基准比较 ·长期激励计划
事务作业管理	人事管理	时间管理	组织管理	计薪	法定报表
	·人员管理 ·人员调动 ·人员状态变化	·弹性工时功能 ·时间数据管理 ·跨应用时间记录表格 ·人员时间评估 ·时间核算&假期累计	·组织结构图 ·职位/职务管理 ·汇报关系	·薪资计算 ·激励工资 ·所得税 ·社会保险	·税报表 ·社会保险报表 ·住房公积金报表

图5-3 HCM 的功能结构

二、CRM客户关系管理

（一）何谓CRM客户关系管理

CRM（Customer Relationship Management，客户关系管理）是指企业为提高核心竞争力，利用相应的信息技术以及互联网技术协调企业与顾客间在销售、营销和服务上的交互，从而提升其管理方式，向客户提供创新式的个性化的客户交互和服务的过程。

CRM既是一种崭新的、国际领先的、以客户为中心的企业管理理论、商业理念和商业运作模式，也是一种以信息技术为手段，有效提高企业收益、客户满意度、雇员生产力的具体软件和实现方法。

随着4G移动网络的普及，CRM已经进入了移动时代。移动CRM系统就是一个集移动网络技术、智能移动终端、VPN、身份认证、地理信息系统（GIS）、Web Service、商业智能等技术于一体的移动客户关系管理产品。移动CRM它将原有CRM系统上的客户资源管理、销售管理、客户服务管理、日常事务管理等功能迁移到手机。它既可以像一般的CRM产品一样，在公司的局域网里进行操作，也可以在员工外出时，通过手机进行操作。

直到今天，云计算的全球化使得传统CRM软件已逐渐被Web CRM（又称为"在线CRM""托管型CRM"和"按需CRM"）超越。越来越多的客户倾向于采用Web来管理CRM等业务应用程序。

作为解决方案的客户关系管理（CRM），它集合了当今最新的信息技术，包括Internet和电子商务、多媒体技术、数据仓库和数据挖掘、专家系统和人工智能、呼叫中心等。作为应用软件的客户关系管理（CRM），凝聚了市场营销的管理理念，市场营销、销售管理、客户关怀、服务和支持构成了CRM软件的基石。

（二）客户关系管理的功能

客户关系管理的功能可以归纳为三个方面：市场营销中的客户关系管理、销售过程中的客户关系管理、客户服务过程中的客户关系管理，以下简称为市场营销、销售、客户服务。

1.市场营销

客户关系管理系统在市场营销过程中，可有效帮助市场人员分析现有的目标客户群体，如主要客户群体集中在哪个行业、哪个职业、哪个年龄层次、哪个地域等，从而帮助市场人员进行精确的市场投放。客户关系管理也有效分析每一次市场活动的投入产出比，根据与市场活动相关联的回款记录及举行市场活动的报销单据做计算，就可以统计出所有市场活动的效果报表。

2. 销售

销售是客户关系管理系统中的主要组成部分，主要包括潜在客户、客户、联系人、业务机会、订单、回款单、报表统计图等模块。业务员通过记录沟通内容、建立日程安排、查询预约提醒、快速浏览客户数据有效缩短了工作时间，而大额业务提醒、销售漏斗分析、业绩指标统计、业务阶段划分等功能又可以有效帮助管理人员提高整个公司的成单率、缩短销售周期，从而实现最大效益的业务增长。

3. 客户服务

客户服务主要是用于快速及时地获得问题客户的信息及客户历史问题记录等，这样可以有针对性并且高效地为客户解决问题，提高客户满意度，提升企业形象。主要功能包括客户反馈、解决方案、满意度调查等。应用客户反馈中的自动升级功能，可让管理者第一时间得到超期未解决的客户请求，解决方案功能使全公司所有员工都可以立刻提交给客户最为满意的答案，而满意度调查功能又可以使最高层的管理者随时获知本公司客户服务的真实水平。有些客户关系管理软件还会集成呼叫中心系统，这样可以缩短客户服务人员的响应时间，对提高客户服务水平也起到了很好的作用。

三、EAM 企业资产管理

（一）何谓 EAM

EAM（Enterprise Asset Management）指的是企业资产管理系统。

EAM 以资产模型、设备台账为基础，强化成本核算的管理思想，以工单的创建、审批、执行、关闭为主线，合理地安排相关人、财、物资源，将传统的被动检修转变为积极主动的预防性维修，与实时的数据采集系统集成，可以实现预防性维护。它主要包括：基础管理、工单管理、预防性维护管理、资产管理、作业计划管理、安全管理、库存管理、采购管理、报表管理、检修管理、数据采集管理等基本功能模块，以及工作流管理、决策分析等可选模块。

（二）EAM 的目标

其目的是帮助企业实现以下目标。

（1）量化设备资产管理，规范其工作流程。

（2）实现资产管理信息化，更有效地配置生产设备、人员及其他资源。

（3）借助于系统，每位维修管理人员可以管理更多的设备。

（4）改善工人的安全保障，促进规程的执行，减少停产时间。

（5）建立清晰的、动态的设备数据库，提高设备可利用率及可靠性，控制维护及维修费用，延长设备生命周期。

（6）降低备件库存及备件成本。

（7）帮助企业更好地贯彻ISO 9000，符合行业和政府部门的法规。

（8）提高有效工作时间。

（9）减少设备停机时间。

（10）增加设备使用效率。

（三）EAM的核心

资产管理系统EAM，其核心并不是管理，而是要建立一个企业数据库，把企业日常工作中出现的问题和解决方法积累起来，使企业从中发现技术创新的方向和办法。因此，资产管理系统的重心在基层，实行点检制等先进管理思想，把企业的决策、创新等活动建立在来自基层的数据上。总之，EAM对企业来讲不仅仅是一个软件，EAM系统的好坏关系到企业的战略问题。EAM是企业创新的基础。

四、EMS能源管理系统

（一）何谓EMS能源管理系统

EMS（Energy Management System，能源管理系统）是集"能源过程监控、能源调度、能源管理"为一体的能源管控一体化计算机系统，实现对各种能源介质（风、水、电、气、汽等）和各类供能用能系统（供配电、供水系统、煤气系统等）进行集中监控、统一调度，确保能源调度的科学性、及时性和合理性，从而提高能源利用水平，实现提高整体能源利用效率的目的。

（二）EMS能源管理系统需要实现的功能

EMS能源管理系统需要实现的功能如图5-4所示。

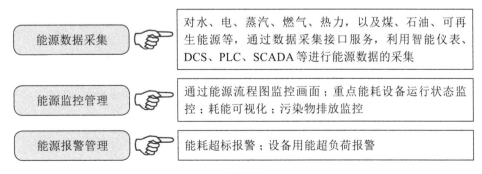

能源数据采集	☞	对水、电、蒸汽、燃气、热力，以及煤、石油、可再生能源等，通过数据采集接口服务，利用智能仪表、DCS、PLC、SCADA等进行能源数据的采集
能源监控管理	☞	通过能源流程图监控画面；重点能耗设备运行状态监控；耗能可视化；污染物排放监控
能源报警管理	☞	能耗超标报警；设备用能超负荷报警

图5-4

175

图5-4　EMS能源管理系统需要实现的功能

五、SRM供应商关系管理

供应商关系管理（Supplier Relationship Management）简称SRM。正如CRM是用来管理客户和改善客户关系一样，SRM是用来管理供应链上游的供应商和改善维护其关系的。

SRM是一种致力于实现与供应商建立和维持长久、紧密伙伴关系的管理思想和软件技术的解决方案。SRM系统是面向供应链前端，用来改善企业与其供应链上游供应商关系的系统，旨在通过完善的信息化系统控制优化双方之间的信息流、物流和资金流，提供便捷、高效的协同平台，降低企业的采购成本。

SRM系统涵盖供应链部门（计划、物流、仓库）、采购部门、质量部门和财务部门，同时涉及到供应链对供应商的所有流程。供应商关系管理的重要功能包括但不止于图5-5所示的内容。

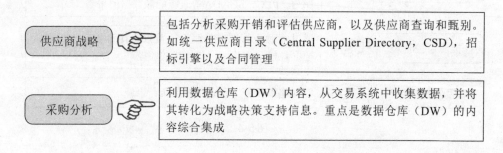

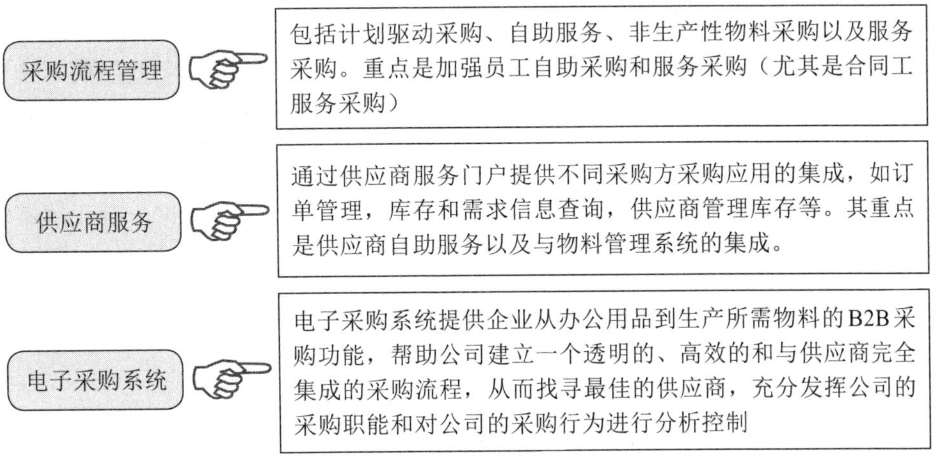

图5-5　供应商关系管理（SRM）的重要功能

六、BPM业务流程管理

BPM是Business Process Management的缩写，即业务流程管理，是一种以规范化的端到端的卓越业务流程为中心，以持续提高组织业务绩效为目的的系统化方法。通常，BPM也指针对流程管理的信息化系统，其特点是注重流程驱动为核心，实现端到端全流程信息化管理。

（一）业务流程的四个层次

业务流程（也叫作经营流程）是为了实现一定的经营目的而执行的一系列逻辑相关的活动的集合，业务流程的输出是满足市场需要的产品或服务。根据功能、管理范围等的不同，企业的流程管理一般分为生产流程层、运作层、计划层和战略层四个层次（见表5-1）。

表 5-1　流程管理的四个层次

管理层次	功能	管理范围	影响时间范围	使用方法	信息系统支持
生产流程层	设备和工艺的实时控制	具体设备	很短	流程控制理论	现场总线、数据采集和监控系统
运作层	制作执行流程管理	车间	较短	调整和优化理论	制造执行系统、车间调度系统等
计划层	资源能力计划和预算	部门至企业	较长	统计和随机模型、优化理论	企业资源计划
战略层	战略调整、流程设计和资源类型确定	整个企业	长	经济模型、决策模型	知识管理、决策支持系统

流程管理的各层次均有相对独立的、特定的方法，但层次之间也有着密切的联系。首先，高层的管理目标最终要通过低层的业务活动来实现；其次，当低层的管理解决不了实际问题时，就需要引入高层的管理，例如当运作层的调度无法解决资源的配置问题时，就说明分配给该流程的资源数目需要修改，此时需要引入计划层的管理，重新进行资源能力计划的计算；最后，低层的数据为高层的管理决策提供依据，企业的策略管理和战略管理中的模型和参数来自对企业实际经营活动统计数据的积累。因此，从整个企业流程管理的角度来看，有必要将这四个层面上的流程管理统一到一个框架下，并和企业的信息系统联系起来。

（二）BPM 系统架构

BPM 系统架构如图 5-6 所示。

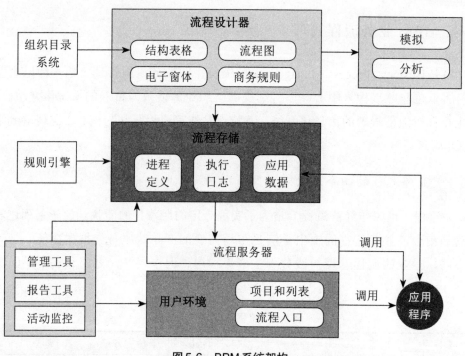

图5-6　BPM 系统架构

七、OA 办公自动化

（一）何谓 OA 办公自动化

办公自动化（OA，Office Automation）是在设备、通信逐步实现自动化的基础上，通过管理信息系统（MIS，Management Information System）的发展而兴起的一门综合性技术。它是将计算机网络与现代化办公相结合的一种新型办公方式，它不仅可以实现办公事务的自动化处理，而且可以极大地提高个人或者群体办公事务的工作效率，为企业或部门机关的管理与决策提供科学的依据。

目前，办公自动化系统成为包括计算机、通信、声像识别、数值计算及管理等多种技术的一个综合系统。计算机技术、通信技术、系统科学和行为科学被视为办公自动化的四项支撑，工作站（Work Station）和局域网络（Local Area Network）成了办公自动化的两大支柱。

（二）一体化OA系统的三个应用层次

事务型OA系统、信息管理型OA系统和决策支持型OA系统是广义的或完整的OA系统构成中的三个功能层次。三个功能层次间的相互联系可以由程序模块的调用和计算机数据网络通信手段做出。一体化的OA系统的含义是利用现代化的计算机网络通信系统把三个层次的OA系统集成一个完整的OA系统，使办公信息的流通更为合理，减少许多不必要的重复输入信息的环节，以期提高整个办公系统的效率。

一体化、网络化的OA系统的优点是，不仅在本单位内可以使办公信息的运转更为紧凑有效，而且也有利于和外界的信息沟通，使信息通信的范围更广，能更方便、快捷地建立远距离的办公机构间的信息通信，并且有可能融入世界范围内的信息资源共享。

1. 第一个层次：事务型OA系统

事务型OA系统只限于单机或简单的小型局域网上的文字处理、电子表格、数据库等辅助工具的应用。办公事务OA中，最为普遍的应用有文字处理、电子排版、电子表格处理、文件收发登录、电子文档管理、办公日程管理、财务统计、报表处理、个人数据库等。这些常用的办公事务处理的应用可做成应用软件包，包内的不同应用程序之间可以互相调用或共享数据，以便提高办公事务处理的效率。这种办公事务处理软件包应具有通用性，以便扩大应用范围，提高其利用价值。此外，在办公事务处理级上可以使用多种OA子系统，如电子出版系统、电子文档管理系统、智能化的中文检索系统（如全文检索系统）、光学汉字识别系统、汉语语音识别系统等。在公用服务业、公司等经营业务方面，使用计算机替代人工处理的工作日益增多，如订票、售票系统，柜台或窗口系统，银行业的储蓄业务系统等。事务型OA系统的功能都是处理日常的办公操作，是直接面向办公人员的。为了提高办公效率，改进办公质量，提供更好的办公操作环境。

2. 第二个层次：信息管理型OA系统

信息管理型OA系统是把事务型（或业务型）办公系统和综合信息（数据库）紧密结合的一种一体化的办公信息处理系统。综合数据库存放该单位的日常工作所必需的信息。例如，在政府机关，这些综合信息包括政策、法令、法规，有关上级政府和下属机构的公文、信函等的政务信息；一些公用服务事业单位的综合数据库包括和服务项目有关的所有综合信息；公司企业单位的综合数据库包括工商法规、经营计划、市场动态、供销业务、库存统计、用户信息等。作为一个现代化的政府机关或企、事业单位，为了优化日常的工作，提高办公效率和质量，必须具备供本单位的各个部门共享的这一综合数据库。这个数据库建立在事务级OA系统基础之上，构成信息管理型的OA系统。

3. 第三个层次：决策支持型OA系统

决策支持型OA系统建立在信息管理级OA系统的基础上。它使用由综合数据库系统所提供的信息，针对所需要做出决策的课题，构造或选用决策数字模型，结合有关内部和外部的条件，由计算机执行决策程序，作出相应的决策。随着三大核心支柱技术：网络通信技术、计算机技术和数据库技术的成熟，世界上的OA已进入到新的层次，在新的层次中系统有图5-7所示四个新的特点。

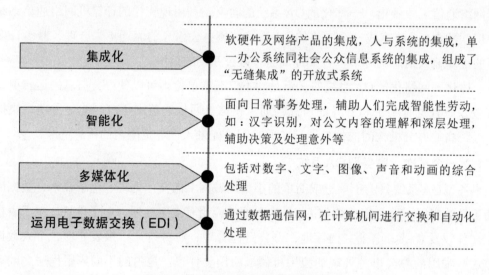

图5-7　决策支持型OA系统的四个特点

这个层次包括信息管理型OA系统和决策型OA系统。事务型OA系统称之为普通办公自动化系统，而信息管理型OA系统和决策支持型OA系统称之为高级办公自动化系统。

八、MDM主数据管理

（一）何谓主数据管理

主数据是指在整个企业范围内各个系统（操作／事务型应用系统以及分析型系统）间要共享的数据，比如，可以是与客户、供应商、账户以及组织单位相关的数据。主数据通常需要在整个企业范围内保持一致性、完整性、可控性，为了达成这一目标，就需要进行主数据管理（MDM，Master Data Management）。需要注意的是，主数据不是企业内所有的业务数据，只是有必要在各个系统间共享的数据才是主数据，比如大部分的交易数据、账单数据等都不是主数据，而像描述核心业务实体的数据，而像客户、供应商、账户、组织单位、员工、合作伙伴、位置信息等都是主数据。主数据是企业内能够跨业务重复使用的高价值的数据。这些主数据在进行主数据管理之前经常存在于多个异构或同构的系统中。

（二）主数据管理的关键在管理

主数据管理的关键就是"管理"。主数据管理不会创建新的数据或新的数据纵向结构。相反，它提供了一种方法，使企业能够有效地管理存储在分布系统中。主数据管理使用现有的系统，它从这些系统中获取最新信息，并提供了先进的技术和流程，用于自动、准确、及时地分发和分析整个企业中的数据，并对数据进行验证。

（三）主数据管理解决方案的特性

主数据管理解决方案具有以下特性。

（1）在企业层面上整合了现有纵向结构中的客户信息以及其他知识和深层次信息。

（2）共享所有系统中的数据，使之成为一系列以客户为中心的业务流程和服务。

（3）实现对于客户、产品和供应商都通用的主数据形式，加速数据输入、检索和分析。

（4）支持数据的多用户管理，包括限制某些用户添加、更新或查看维护主数据的流程的能力。

（5）集成产品信息管理、客户关系管理、客户数据集成以及可对主数据进行分析的其他解决方案。

由于和主数据管理关联的方法和流程的运行与企业的业务流系统及其他系统彼此独立，因此这些方法和流程不仅能检索、更新和分发数据，还能满足主数据的各种用途。主数据管理通过将数据与操作应用程序实时集成来支持操作用途。主数据管理还通过使用经过授权的流程来创建、定义和同步主数据来支持协作用途。最后，主数据管理通过事件管理工具事先将主数据推送至分析应用程序来支持分析用途。

第二节　智能研发应用软件

离散制造企业在产品研发方面，已经应用了CAD、CAM、CAE、CAPP、EDA等工具软件和PDM、PLM系统，但很多企业应用这些软件的水平并不高。企业要开发智能产品，需要机电软件多学科的协同配合，需要将多种研发应用软件结合起来。

一、CAD 计算机辅助设计

CAD（Computer Aided Design）即计算机辅助设计，指利用计算机及其图形设备帮助设计人员进行设计工作。在设计中通常要用计算机对不同方案进行大量的计算、分析和比较，以决定最优方案。各种设计信息，不论是数字的、文字的或图形的，都能存放在计算机的内存或外存里，并能快速地检索。设计人员通常用草图开始设计，将草图变为工作图的繁重工作可以交给计算机完成，由计算机自动产生设计结果，可以快速作出图形，使设计人员及时对设计做出判断和修改。利用计算机可以进行与图形的编辑、放大、缩小、平移、复制和旋转等有关的图形数据加工工作。

二、CAM 计算机辅助制造

CAM（Computer Aided Manufacturing）即计算机辅助制造，CAM 是指利用计算机辅助完成从生产准备到产品制造整个过程的活动，即通过直接或间接地把计算机与制造过程和生产设备相联系，用计算机系统进行制造过程的计划、管理以及对生产设备的控制与操作的运行，处理产品制造过程中所需的数据，控制和处理物料（毛坯和零件等）的流动，对产品进行测试和检验等。

三、CAE 计算机辅助工程

CAE（Computer Aided Engineering）是指工程设计中的计算机辅助工程，指用计算机辅助求解分析复杂工程和产品的结构力学性能，以及优化结构性能等，把工程（生产）的各个环节有机地组织起来，其关键就是将有关的信息集成，使其产生并存在于工程（产品）的整个生命周期。而 CAE 软件可作静态结构分析、动态分析，研究线性、非线性问题，分析结构（固体）、流体、电磁等。

CAE 的作用如下。

（1）增加设计功能，借助计算机分析计算，确保产品设计的合理性，减少设计成本。

（2）缩短设计和分析的循环周期。

（3）CAE 分析起到的"虚拟样机"作用在很大程度上替代了传统设计中资源消耗极大的"物理样机验证设计"过程，虚拟样机作用能预测产品在整个生命周期内的可靠性。

（4）采用优化设计，找出产品设计最佳方案，降低材料的消耗或成本。

（5）在产品制造或工程施工前预先发现潜在的问题。

（6）模拟各种试验方案，减少试验时间和经费。

（7）进行机械事故分析，查找事故原因。

四、CAPP 计算机辅助工艺过程设计

CAPP（Computer Aided Process Planning，计算机辅助工艺过程设计）是指借助计算机软硬件技术和支撑环境，利用计算机进行数值计算、逻辑判断和推理等的功能来制定零件机械加工工艺过程。CAPP 系统可以解决手工工艺设计效率低、一致性差、质量不稳定、不易达到优化等问题。

CAPP 计算机辅助工艺过程设计系统的构成，视其工作原理、产品对象、规模大小不同而有较大的差异。CAPP 计算机辅助工艺过程设计系统基本的构成模块如表5-2所示。

表 5-2　CAPP 计算机辅助工艺过程设计系统的构成模块

序号	构成模块	说明
1	控制模块	控制模块的主要任务是协调各模块的运行，是人机交互的窗口，实现人机之间的信息交流，控制零件信息的获取方式
2	零件信息输入模块	当零件信息不能从CAD系统直接获取时，用此模块实现零件信息的输入
3	工艺过程设计模块	工艺过程设计模块进行加工工艺流程的决策，产生工艺过程卡，供加工及生产管理部门使用
4	工序决策模块	工序决策模块的主要任务是生成工序卡，对工序间尺寸进行计算，生成工序图
5	工步决策模块	工步决策模块对工步内容进行设计，确定切削用量，提供形成NC加工控制指令所需的刀位文件
6	NC加工指令生成模块	NC加工指令生成模块依据工步决策模块所提供的刀位文件，调用NC指令代码系统，产生NC加工控制指令
7	输出模块	输出模块可输出工艺流程卡、工序卡、工步卡、工序图及其他文档，输出亦可从现有工艺文件库中调出各类工艺文件，利用编辑工具对现有工艺文件进行修改得到所需的工艺文件
8	加工过程动态仿真	加工过程动态仿真对所产生的加工过程进行模拟，检查工艺的正确性

五、EDA 电子设计自动化

EDA（Electronic Design Automation，电子设计自动化）是指利用计算机辅助设计（CAD）软件，来完成超大规模集成电路（VLSI）芯片的功能设计、综合验证、物理设计（包括布局、布线、版图、设计规则检查等）等流程的设计方式。EDA是在20世纪60年代中期从计算机辅助设计（CAD）、计算机辅助制造（CAM）、计算机辅助测试

（CAT）和计算机辅助工程（CAE）的概念发展而来的。

六、PDM产品数据管理

PDM（Product Data Management，产品数据管理系统），是以产品为中心，把企业生产过程中所有与产品相关的信息（如CAD/CAE/CAM的文档、清单、产品分配、事务日志文档、产品订单、电子数据表格、供应商情况等）和过程集成起来统一管理，实现数据的有序规范、设计过程的优化和资源的共享，从而缩短产品研发周期、降低成本，使企业赢得主动权和竞争优势。

企业通过实施PDM，可以提高生产效率，有利于对产品的全生命周期进行管理，加强对于文档、图纸、数据的高效利用，使工作流程规范化。

PDM是CAD/CAM技术更高的一个阶段，将来也可能把CAD、CAM、CAE、CAPP进行集合管理，发挥并发设计模式的优势。

七、LIMS实验室管理系统

LIMS（Laboratory Information Management System）即实验室信息管理系统，是通过对样品检验流程、分析数据及报告、实验室资源和客户信息等要素的综合管理，按照标准化实验室管理规范，建立符合实验室业务流程的质量体系，实现实验室信息化管理。可以为实验室提高分析水平、规范样品检测过程和降低实验成本，为客户提供优秀服务。

LIMS系统的一些基本功能包括：检测申请，合同评审和样品接收，检测任务的分配和指派，检测结果录入、自动计算，仪器数据采集，多种不同格式的结果和原始记录采集，通过质控样品进行结果修正，查看检测的方法和SOP（Standard Operating Procedure，标准作业程序），测试工作流程，数据修改跟踪，数据和报告审核，样品管理，分包管理，人员管理，仪器和计量器具管理，试剂、标准物质和供应商管理，方法管理，设施和环境条件管理，文件管理，实验室质量控制，实验室质量活动管理，客户服务，结果报告管理，数据的统计和查询。

第三节　智能工厂与生产管控应用软件

智能工厂必须依赖无缝集成的信息系统支撑，主要包括PLM（产品生命周期管理）、ERP（企业资源计划）、CRM（客户关系管理）、SCM（供应链管理）和MES（生产过程执行系统）五大核心系统。除此之外，进行生产管控的系统还包括：APS高级计划与排程系统、SPC统计过程控制系统、QMS质量管理系统、EMS设备管理系统、PLC生产控制系统、DCS集散控制系统、SFIS生产现场管控系统、制造现场安灯系统、SMT防错料管控系统等。

一、PLM产品生命周期管理系统

（一）何谓PLM产品生命周期管理

产品生命周期管理（PLM，Product Lifecycle Management），就是指从人们对产品的需求开始，到产品淘汰报废的全部生命历程的管理。PLM是一种先进的企业信息化思想，它让人们思考在激烈的市场竞争中，如何用最有效的方式和手段来为企业增加收入和降低成本。

PLM应用于单一地点或者多个地点的企业内部，以及在产品研发领域具有协作关系的企业之间的，支持产品全生命周期的信息的创建、管理、分发和应用的综合性的应用解决方案，能够集成与产品相关的流程、应用系统和信息、人力资源以及其他要素。一个企业要发展繁荣，必须关注两条生命周期主线，如图5-8所示：一是横轴，即订单全生命周期主线，面向终端消费者，通过以订单全生命周期为主线的动态优化实现精准计划、柔性生产、快速配送。二是纵轴，即产品全生命周期主线，面向企业客户，通过产品全生命周期管理实现敏捷研发、产品质量保证和持续性的后市场服务，也就是PLM关注的主要范畴。

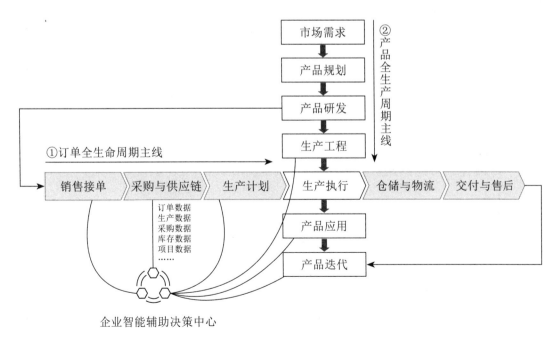

图5-8 企业的主要生命周期设计框架

（二）何谓PLM产品生命周期管理系统

PLM产品生命周期管理系统是面向制造业产品全生命周期管理业务过程，旨在为企业提供从需求收集、产品设计、工艺设计到车间生产的智能制造管理平台。

PLM系统集项目管理、产品设计管理、工艺设计管理于一体，以产品为中心，以项目计划为主线，把企业研发设计和工艺制造过程中所有与产品相关的信息以及过程集成起来统一管理，PLM实现数据的有序规范、设计过程的优化和资源的共享以及上下游数据的一致，从而规范企业的研发流程，提高设计和工艺工作效率，缩短产品研发周期、降低成本，使企业赢得主动权和竞争优势。

（三）PLM产品生命周期管理系统的应用功能

PLM应用是一个或多个PLM核心功能的集合体，提供一套可满足产品生命周期具体需求的功能，它代表了PLM解决方案的某一视图。随着PLM在企业的推广应用，许多不同的PLM使能应用被开发出来，如配置管理、工程变更管理、文档管理等，都已成为PLM的标准功能。这些应用缩短了PLM的实施时间，并将许多成功的实施经验融合在这些应用中。典型的PLM应用功能如表5-3所示。

表5-3 典型的PLM应用功能

序号	应用功能	说明
1	变更管理	使数据的修订过程可以被跟踪和管理，它建立在PLM核心功能之上，提供一个打包的方案来管理变更请求、变更通知、变更策略，最后到变更的执行和跟踪等一整套方案
2	配置管理	建立在产品结构管理功能之上，它使产品配置信息可以被创建、记录和修改，允许产品按照特殊要求被建造。同时，也为产品周期中不同领域提供不同的产品结构表示
3	工作台	将完成特定任务必需的所有功能和工具集成到一个界面下，使最终用户可以在一个统一的环境中完成诸如设计协同、数据样机、设计评阅和仿真等工作
4	文档管理	提供图档、文档、实体模型安全存取、版本发布、自动迁移、归档、签审过程中的格式转换、浏览、圈阅和标注，以及全文检索、打印、邮戳管理、网络发布等一套完整的管理方案，并提供多语言和多媒体的支持
5	项目管理	管理项目的计划、执行和控制等活动，以及与这些活动相关的资源。并将它们与产品数据和流程关联在一起，最终达到项目的进度、成本和质量的管理
6	产品协同	提供一类基于Internet的软件和服务，能让产品价值链上每个环节的每个相关人员不论在任何时候、任何地点都能够协同地对产品进行开发、制造和管理
7	产品构型	产品构型管理是应对系列化产品设计和生产的有效方法。通过构型管理避免产品发生局部修改，或更换选件时重新构造BOM表和数据准备等繁重任务

二、ERP企业资源计划

ERP是一种主要面向制造行业进行物质资源、资金资源和信息资源集成一体化管理的企业信息管理系统。它也是一个以计划为导向的先进的生产管理方法。首先，企业确定它的一个总生产计划，再经过系统层层细分后，下达到各部门去执行，即生产部门以此生产，采购部门按此采购等。

（一）何谓ERP企业资源计划

企业资源计划即ERP（Enterprise Resource Planning），由美国Gartner Group公司于1990年提出。ERP是一个以管理会计为核心可以提供跨地区、跨部门、甚至跨公司整合实时信息的企业管理软件。它除了MRP II已有的生产资源计划、制造、财务、销售、采购等功能外，还有质量管理，实验室管理，业务流程管理，产品数据管理，存货、分销与运输管理，人力资源管理和定期报告系统。目前，在我国ERP所代表的含义已经被扩大，用于企业的各类软件，已经统统被纳入ERP的范畴。

（二）ERP实现的工作目标

（1）建立企业管理与决策的计算机管理网络，实现信息资源共享。
（2）建立综合管理系统数据库，实现对数据的集中存储与管理。
（3）实现对数据的授权访问控制机制。
（4）实现企业各部门协同工作，提高工作效率。
（5）实现系统设备与应用的安全可靠运行。
（6）为企业的经营管理提供科学的技术决策支持。
（7）建立进、销、存的统一管理机制。
（8）建立计算机网络和数据库的维护管理机制。

（三）ERP企业资源计划的作用

ERP企业资源计划是现在比较智能的系统，对企业有很大的帮助，是现在企业必不可少的智能系统，具有如下作用。

1.集成管理、信息互联

ERP企业资源计划在全过程集成管理系统的基础上，集成生产企业日常管理所需的所有功能，包括客户管理CRM、项目管理PM、供应链管理SCM、生产管理、采购管理、库存管理、产品管理、财务管理、人力资源管理、办公管理、实时数据和信息共享，无缝业务流程，帮助企业快速提高生产管理和决策能力。

2.实现企业整体的规范化管理

ERP企业资源计划通过组织、区域、部门和员工的深入应用，提供一套专业、标准化和灵活的业务流程，如贯穿客户、项目、报价、销售、合同、采购、库存、生产、产品、售后服务、财务、人力资源、办公室等的流程模板，不断规范生产、供应、销售流程、方法、标准、流程等，实现企业整体的规范化管理。

在企业的日常运作中，每一项操作都会自动在系统中留下痕迹，无论哪个环节有问题，都可以实时发现和跟踪，直到找到问题的根源。例如，生产进度缓慢，可以追溯到每个过程的完成时间，或者每个原材料的采购和到达时间，无论是工艺问题，还是部门合作问题，还是其他问题，只要看一眼系统，就能帮助企业发现现有流程的问题和缺点，不断改进、简化流程和提高操作效率。

3.实时管理、统计决策

由于所有业务数据都连接在一套系统中，ERP企业资源计划可以为企业提供实时准确的客户需求、销售订单、采购进度、库存信息、生产进度、物质需求、现金流等统计数据，企业所需要的数据，点击鼠标即可实时获取，大大减少查询、整理、汇总、报告时间，数据信息可共享，避免重复循环操作，显著提高统计效率。

同时，所有业务数据在系统中自动汇总，形成多维数据报表。例如，生产部门可以实时获取销售订单数据，也可以根据生产计划和库存信息及时安排采购，管理人员可以知道哪些产品在系统中销售良好，每天销售哪些产品，正在生产哪些产品，生产进度如何。

（四）ERP系统功能模块

ERP系统包括以下主要功能：供应链管理、销售与市场、分销、客户服务、财务管理、制造管理、库存管理、工厂与设备维护、人力资源、报表、制造执行系统、工作流服务和企业信息系统等。此外，还包括金融投资管理、质量管理、运输管理、项目管理、法规与标准和过程控制等补充功能。

ERP是依据物流、资金流、信息流三块总线将模块系统连接形成一套完整的企业管理系统，从系统功能上可以包括图5-9所示的功能模块。

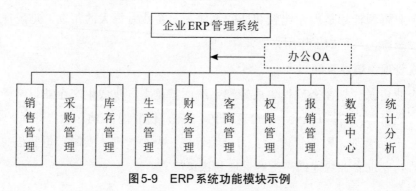

图5-9 ERP系统功能模块示例

　　以下简要介绍ERP系统中生产管理模块。制造型企业都是围着生产转的，通过ERP下达生产工单，系统将最新的BOM自动导入生产工单中，车间领料员就可以开具领料单了，系统可自动计算缺料，并汇总成表。产品生产入库后，开入库单，工单完工。生产工单还可直接生成LRP（Logistics Resources Planning）采购计划、生产计划。

　　生产管理子模块的功能如下所示。

1.主生产计划

　　它是根据生产计划、预测订单和客户订单来安排将来的各周期中提供的产品种类和数量，它将生产计划转为产品计划，在平衡了物料和能力的需要后，精确到时间、数量的详细的进度计划，是企业在一段时期内的总活动的安排，是一个稳定的计划，是以生产计划、实际订单和对历史销售分析得来的预测产生的。

2.物料需求计划

　　在主生产计划决定生产多少最终产品后，再根据物料清单，把整个企业要生产的产品的数量转变为所需生产的零部件的数量，并对照现有的库存量，可得到还需加工多少、采购多少的最终数量。这才是整个部门真正依照的计划。

3.能力需求计划

　　它是在得出初步的物料需求计划之后，将所有工作中心的总工作负荷，在与工作中心的能力平衡后产生的详细工作计划，用以确定生成的物料需求计划是否是企业生产能力上可行的需求计划。能力需求计划是一种短期的、当前实际应用的计划。

4.车间控制

　　这是随时间变化的动态作业计划，将作业分配到具体各个车间，再进行作业排序、作业管理、作业监控。

5.制造标准

　　在编制计划中需要许多生产基本信息，这些基本信息就是制造标准，包括零件、产品结构、工序和工作中心，都用唯一的代码在计算机中识别。

　　（1）零件代码，对物料资源的管理，对每种物料给予唯一的代码识别。

　　（2）物料清单，定义产品结构的技术文件，用来编制各种计划。

　　（3）工序，描述加工步骤及制造和装配产品的操作顺序。它包含加工工序顺序，指明各道工序的加工设备及所需要的额定工时和工资等级等。

　　（4）工作中心，使用相同或相似工序的设备和劳动力组成的，从事生产进度安排、核算能力、计算成本的基本单位。

三、SCM供应链管理系统

（一）何谓SCM供应链管理

SCM（Supply Chain Management，供应链管理）是一种集成的管理思想和方法，它执行供应链中从供应商到最终用户的物流的计划和控制等职能。从单一的企业角度来看，是指企业通过改善上、下游供应链关系，整合和优化供应链中的信息流、物流、资金流，以获得企业的竞争优势。

（二）SCM供应链管理系统

SCM系统基于协同供应链管理的思想，配合供应链中各实体的业务需求，使操作流程和信息系统紧密配合，做到各环节无缝链接，形成物流、信息流、单证流、商流和资金流五流合一的管理系统。

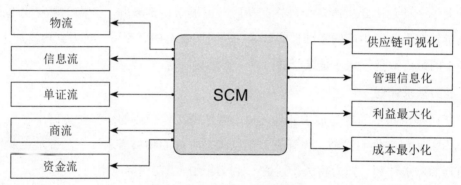

图5-10 五流合一的管理系统

SCM系统应按照过程进行供应链组织间计划、执行与控制，核心是整个供应链和供应网络的优化以及贯穿于整个供应链的计划的实现。SCM系统涉及从订单输入到产品交付，再到制造业务流程的整个过程，包括预测、供应链和生产计划、需求和分销管理、运输计划预计等各种业务形式。不同企业设计的SCM系统功能模块可能不一样，以下介绍某企业的SCM系统核心功能模块，如表5-4所示。

表 5-4 SCM 系统的核心功能模块

序号	核心功能模块	说明
1	基础信息	基础信息模块涵盖物料信息、供应商信息、作业类型、仓库信息管理、仓管员信息管理
2	采购管理	采购管理模块涵盖物料采购管理、采购订单管理、采购订单变更、采购退货管理
3	供应商管理	供应商管理模块涵盖供应商信息、供应商考核信息、供货比例设置、物料更新信息

续表

序号	核心功能模块	说明
4	库存管理	库存管理模块涵盖基础设置、期初数据、入库管理、出库管理、调拨管理、存量查询、账本查询、储蓄分析、库存盘点管理。可根据行业要求、企业管理的特点、定义系统参数，构建所需的库存模块
5	财务管理	财务管理模块涵盖供应商对账管理、费用预算、常用的财务统计报表、应付款管理以及发票管理等。其中报表管理模块涵盖供应商供货查询，以供应商所供的货物为维度，展示供应商的物料报价信息：订单数量、库存信息、采购订单执行查询、请购计划执行查询、库存台账查询、库存盘点综合查询、应付执行查询
6	销售管理	销售管理模块涵盖销售自动化、销售机会管理、销售预测、计划和目标制定、回款跟进管理、销售的统计查询和报表等。销售管理模块以订单为核心，对企业销售业务的执行过程进行跟踪和管理
7	市场管理	市场管理模块涵盖市场活动管理、市场信息管理、竞争对手分析、市场渠道管理等
8	服务管理	服务管理模块涵盖客户服务工作自动化、与呼叫中心集成、合作伙伴入口、客户服务知识库、客户反馈管理、一对一服务等
9	订单管理	订单管理模块涵盖订单统计报表、订单处理流程控制、退货管理、报价管理、报价邀请、动态的报价过程等
10	质量管理	质量管理模块涵盖质量控制的实现、采购产品的验收等
11	产品设计	产品设计模块涵盖产品和样品的设计、产品设计和打样过程等
12	仓储物流管理	仓储物流管理对产品进行存储管理、库存管理和物流管理等
13	自定义表单	自定义表单模块涵盖自定义流程表单、自定义数据表单、自定义电子表格表单、自定义明细表、自定义字段扩展等
14	合同管理	合同管理模块涵盖合同档案管理、合同审批、汇签流程。采购合同管理对企业物品、劳务等多种采购合同进行管理。SCM系统不仅对根据采购订单签订的多种合同进行详尽的多层次管理，而且对签订合同的执行状态进行跟踪，为采购管理提供准确和详细的统计分析信息，实现对合同履行的全程控制和管理
15	工作任务	工作任务模块涵盖工作流程控制、督办和跟催、工作总结报告、工作办理过程记录和报告、工作日志、工作质量评估
16	资产管理	资产管理模块涵盖企业资产管理、设备管理、办公用品管理等
17	个人工具	个人工具模块涵盖用户界面自定义、个人工作平台、个人资料设置、个人笔记、支持单点登录服务等
18	系统后台	系统后台模块涵盖系统权限设置和管理、部门管理、成员管理、项目团队、成员集合、数据备份、系统日志管理、数据导入导出工具、系统参数设置、个性化设置内容等。系统权限主要包括：组织访问权限、菜单访问权限、系统功能使用权限
19	其他模块	含有邮件管理、密码恢复、加密文档恢复等功能

四、MES 制造执行系统

MES 作为连接顶层计划管理系统与底层控制系统的纽带，是制造业企业不可或缺的管理工具。MES 作为计划的执行工具，能够帮助企业从根本上提升管理水平，优化工艺流程，改善产品质量，实现精益生产，降低能源损耗，减少库存，降低成本，增进客户关系等。企业在 MES 制造执行系统中导入 ERP 中的计划，可将工厂级的生产计划逐级分解为生产现场作业的工序计划。

（一）何谓 MES 制造执行系统

制造执行系统（MES，Manufacturing Execution System），旨在加强 MRP 计划的执行功能，把 MRP 计划同车间作业现场控制通过执行系统联系起来。这里的现场控制包括 PLC 程控器、数据采集器、条形码、各种计量及检测仪器、机械手等。MES 系统设置了必要的接口，与提供生产现场控制设施的厂商建立合作关系。

MES 制造执行系统能够优化从订单投入到产品完成的生产活动所需的全部信息，其运用及时、准确的信息，指导、启动、响应并记录生产活动，从而能够对条件的变化做出迅速的反应、减少非增值活动、提高工厂运作过程的效率。MES 系统不但可以改善设备投资回报率，而且有助于加快库存周转、提高收益。

（二）MES 的四类九大模型

目前，MES 系统主要参照 ISA-95 标准，其定义了 MES 系统集成时所用的术语和模型。

ISA-95 简称 S95，国外也有称作 SP95。ISA-95 是企业系统与控制系统集成国际标准，由仪表、系统和自动化协会（ISA）在 1995 年投票通过。而 95 代表的是 ISA 的第 95 个标准项目。S95 中描述的生产对象模型根据功能分为四类九大模型：四类包括资源、能力、产品定义和生产计划；资源包括人员、设备、材料和过程段对象；能力包括生产能力、过程段能力；产品定义包括产品定义信息；生产计划包括生产计划和生产性能，如表 5-5 所示。

表 5-5　MES 的四类九大模型

序号	模型	说明
1	人力资源模型	此模型专门定义人员和人员的等级，定义个人或成员组的技能和培训，定义个人的资质测试，结果和结果的有效时间段
2	设备资源模型	设备资源模型用于定义设备或设备等级，定义设备的描述，定义设备的能力，定义设备能力测试、测试结果和结果的有效时间段，定义和跟踪维护请求
3	材料资源模型	此模型专门定义材料或材料等级属性，对材料进行描述，定义和跟踪材料批量和子批量信息，定义和跟踪材料位置信息，定义材料的质量保证测试标准，结果和结果的有效时间段

续表

序号	模型	说明
4	过程段（Process Segment）模型（包括过程段模型和过程段能力模型）	专门定义了过程段，提供过程段的描述，定义过程段使用的资源（个人、设备和材料），定义过程段的能力，定义过程段的执行顺序
5	生产能力模型	此模型对生产能力或其他信息进行描述，独一无二地对设备模型的特定生产单元定义生产能力，提供当前能力的状态（可用性，确认能力和超出能力），定义生产能力的位置，定义生产能力的物理层次（企业，生产厂，生产区域，生产单元等），定义生产能力的生命周期（起始时间，结束时间），对生产能力的发生日期归档
6	产品定义模型	产品定义模型用于专门定义产品的生产规则（配方，生产指令），并对此规则提供一个发布日期和版本，指定生产规则的时间段，提供生产规则及其他信息的描述，指定使用的材料表和材料路由，为生产规则指定产品段的需求（人员，设备和材料），指定产品段的执行顺序
7	生产计划模型	生产计划模型用于对特定产品的生产发出生产请求，并对请求提出一个唯一的标识，提供对生产计划以及相关信息的描述，提供生产计划请求的开始和结束时间，对生产计划发布的时间和日期归档，指出生产计划请求的位置和设备类型（生产厂、生产区域、过程单元、生产线等）
8	生产性能模型	生产性能模型根据生产计划请求的执行或某一个生产事件报告生产结果，唯一地标识生产性能，包括版本和修订号，提供生产性能的描述和其他附加信息，识别相关的生产计划，提供实际的生产开始和结束时间，提供实际的资源使用情况，提供生产的位置信息，对生产性能发布的时间日期归档，提供生产产品设备的物理模型定义（生产厂、生产区域、过程单元、生产线等）

（三）MES执行系统的功能模块

MES系统由资源分配及状态管理、工序详细调度、生产单元分配、过程管理、人力资源管理、维修管理、计划管理、文档控制、生产的跟踪及历史、执行分析、数据采集等功能模块组成。MES是一个可自定义的制造管理系统，不同企业的工艺流程和管理需求可以通过现场定义实现。MES执行系统的功能模块如表5-6所示。

表5-6　MES执行系统的功能模块

序号	功能模块	功能说明
1	资源分配及状态管理	（1）管理机床、工具、人员物料、其他设备以及其他生产实体，满足生产计划的要求对其所作的预定和调度，用以保证生产的正常进行 （2）提供资源使用情况的历史记录和实时状态信息，确保设备能够正确安装和运转

序号	功能模块	功能说明
2	工序详细调度	该功能模块提供与指定生产单元相关的优先级、属性、特征以及处方等，通过基于有限能力的调度，通过考虑生产中的交错、重叠和并行操作来准确计算出设备上下料和调整时间，实现良好的作业顺序，最大限度地减少生产过程中的准备时间
3	生产单元分配	该功能模块以作业、订单、批量、成批和工作单等形式管理生产单元间的工作流。通过调整车间已制定的生产进度，对返修品和废品进行处理，用缓冲管理的方法控制任意位置的在制品数量。当车间有事件发生时，要提供一定顺序的调度信息并按此进行相关的实时操作
4	过程管理	该功能模块监控生产过程、自动纠正生产中的错误并向用户提供决策支持以提高生产效率。通过连续跟踪生产操作流程，在被监视和被控制的机器上实现一些比较底层的操作；通过报警功能，使车间人员能够及时察觉到出现了超过允许误差的加工过程；通过数据采集接口，实现智能设备与制造执行系统之间的数据交换
5	人力资源管理	该功能模块以分为单位提供每个人的状态。通过时间对比，出勤报告，行为跟踪及行为（包含资财及工具准备作业）为基础的费用为基准，实现对人力资源的间接行为的跟踪能力
6	维修管理	该功能模块为了提高生产和日程管理能力的设备和工具的维修行为的指示及跟踪，实现设备和工具的最佳利用效率
7	计划管理	该功能模块把焦点放在从内部起作用或从一个作业计划到下一个作业计划跟踪、监视、控制和内部作用的机械及装备；从外部包含为了让作业者和每个人知道允许的误差范围的计划变更的警报管理
8	文档控制	该功能模块控制、管理并传递与生产单元有关的工作指令、配方、工程图纸、标准工艺规程、零件的数控加工程序、批量加工记录、工程更改通知以及各种转换操作间的通信记录，并提供了信息编辑及存储功能，将向操作者提供操作数据或向设备控制层提供生产配方等指令下达给操作层，同时包括对其他重要数据（例如与环境、健康和安全制度有关的数据以及ISO信息）的控制与完整性维护
9	生产的跟踪及历史	该功能模块可以看出作业的位置和在什么地方完成作业，通过状态信息了解谁在作业，供应商的资财，关联序号，现在的生产条件，警报状态及再作业后跟生产联系的其他事项
10	执行分析	该功能模块通过过去记录和预想结果的比较提供以分为单位的作业运行结果。执行分析结果包含资源活用、资源可用性、生产单元的周期、日程遵守及标准遵守的测试值
11	数据采集	该功能模块通过数据采集接口来获取并更新与生产管理功能相关的各种数据和参数，包括产品跟踪、维护产品历史记录以及其他参数。这些现场数据，可以从车间手工方式录入或由各种自动方式获取

以下提供安泰智和MES系统的功能模块架构供大家参考，见图5-11。

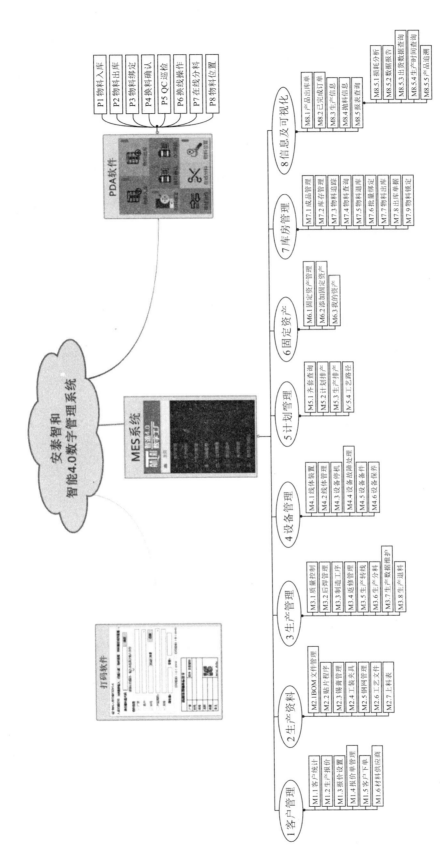

图5-11 安泰智和MES管理系统功能架构

五、高级计划与排程系统（APS系统）

随着智能制造的持续推进，APS智能计划排产成了中国制造企业建设智能工厂的刚性需求。越来越多的企业开始注意到APS高级计划排程系统，它可以帮助企业进行资源和系统整合集成优化，实现最优化的排程，通过合理的计划排程，实现按需生产、精益制造、柔性运作，实现企业生产与经营的无缝衔接。

（一）何谓APS智能计划排产

APS（Advanced Planning and Scheduling，高级计划与排程）是运用计算机技术实现对生产计划的自动排程。

APS高级计划排程系统主要解决"在有限产能条件下，交期产能精确预测、工序生产与物料供应最优详细计划"的问题。APS高级计划排程系统制订合理优化的详细生产计划，并且还可以将实绩与计划结合，接收MES制造执行系统或者其他工序完工反馈信息，从而彻底解决工序生产计划与物料需求计划难做的问题。APS高级计划排程系统是企业实施JIT精益制造系统的最有效工具。

（二）APS智能计划排程的目标

APS在不同类型的行业目标和要求是不同的，在流程型行业，APS主要解决顺序优化；在离散型行业，APS主要解决多工序、多资源的优化调度问题；在流程和离散的混合型行业，APS主要解决顺序和调度的优化问题；而在项目型行业，APS主要解决关键链和成本时间最小化问题。

以流程型企业为例，成品是通过连续的制造流程生产的，生产过程复杂，设计多个在制品，在制品又转化成一种或多种成品，过程中还可能涉及到设备清洗、产品切换等多种约束规则。排产的目的是为了为车间生成一个短期的详细的生产计划。

1.排产建模

确定约束和优化目标，同时，进行集成数据提取，包括ERP的相关数据、供应链物流的相关信息以及MES中的工艺标准、设备维保计划等相关数据。

2.制定评价标准

其实就是给排产结果制定评价标准，怎样的结果是更好的。在生产计划排程模块中选择优化目标时，主要有下面一些面向时间的目标。

（1）完成所有订单任务所需要的时间最短。

（2）定单任务完成时间和它的到期时间之差最小。

（3）所有订单在生产系统中花费时间总和最小。

（4）所有订单的生产准备时间总和最小。

还有与成本相关的目标如下。

（1）使可变生产成本总和最小。

（2）使生产准备成本总和最小。

（3）惩罚成本（缺货成本）总和最小。当订单需求没有足够的现货来满足需求所招致的成本。

如果管理人员想要同时追求上面几个优化目标，使每个目标都达到最优，这样解通常是不存在的。只能权衡各个目标的基础上寻求一个妥协方案。

一种可行的方法是对各个目标制定权重，必须满足的权重制定为无穷大，或一个非常大的权重，最终结果的评判能计算出一个金额，可以进行直接对比。

3.排产结果可视化

排产结果最好以甘特图表达，用甘特图可以在一定的时间间隔上平行地显示所有资源。计划人员既可以专注于一个指定订单和它在相应生产阶段的排程，也可以把注意力集中在单个资源及其在时间上的排程。

同时，这样也更方便计划人员在对排产结果进行调整时，直观地看到调整后的结果和对整体计划的影响。同时，排产中的预测数据出现确定的结果后要代入到排产模型中，支持计划人员对后续计划进行滚动排产。

（三）APS生产计划排程系统的功能模块

其功能模块大致有以下情况，如表5-7所示。

表5-7　APS高级计划与排程系统功能模块

序号	分类	功能	描述
1	产品工艺	产品/物料管理	产品、中间品、半成品、原材料等管理
		工艺路线管理	产品、订单相关的参数化工艺路线管理
		工艺管理	生产工艺管理
		制造BOM管理	精细化的制造BOM管理，融合了ERP中的产品BOM及工艺路线
2	设备管理	设备/工作中心管理	设备/工作中心管理
		刀具、模具、人员等副资源管理	刀具、模具、人员等副资源管理
		生产日历	设备、人员、刀具等生产资源的日历管理维护
		班次管理	班次管理
		换线切换矩阵管理	以矩阵形式维护换线时间，包括规格切换、数字规格切换、品目切换

序号	分类	功能	描述
3	订单管理	制造订单管理	制造订单管理
		客户管理	客户属性管理
4	派工反馈	作业计划	设备级别的详细作业计划，精确到时分秒
		投料计划	与设备作业计划同步的投料计划
		入库计划	与设备作业计划同步的入库计划
		计划结果评估	计划结果评估分析
		派工反馈	计划派工、锁定、反馈等
5	计划策略	计划策略管理	计划策略管理
		排程规则管理	排程规则管理
		资源权重管理	资源权重管理
6	计划可视化	资源甘特图	从资源、时间维度展示计划结果，可视化每台设备的任务安排
		订单甘特图	从订单、时间维度展示计划结果，可视化订单及订单内每个工序
		资源负荷图	从资源、时间维度展示计划结果，可视化每台设备的任务负荷情况
		物料库存图	从品目、时间维度展示计划结果，可视化产品、物料的库存变化
7	核心算法	有限产能计划	考虑工艺、设备、物料、人员班组等各项约束的有限产能计划
		无限产能计划	类似MRP的无限产能计划
		分步排程／一键排程	分步排程／一键排程
		启发式排程算法	基于规则的启发式排程算法
8	集成引擎	系统集成引擎，与ERP／MES等系统无缝集成	

六、SPC统计过程控制系统

SPC（Statistical Process Control，统计过程控制）是企业提高质量管理水平的有效方法，是对制造流程进行测量、控制和品质改善的行业标准方法论。它利用统计的方法来监控过程的状态，确定生产过程在管制的状态下，以降低产品品质的变异。

（一）SPC系统的特点

SPC系统能为企业科学地区分生产过程中的正常波动与异常波动，及时地发现异常状况，以便采取措施消除异常，恢复过程的稳定，达到降低质量成本，提高产品质量的目的，它强调全过程的预防。具体如图5-12所示。

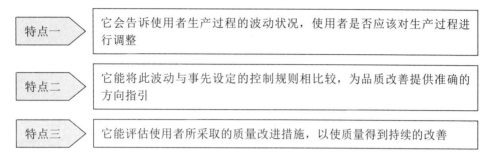

图5-12 SPC系统的特点

（二）SPC系统的功能框架

SPC系统是个"管理"系统。其"管理"主要体现在异常发生时，系统能对判定、告警、处置和质量改进的全过程进行有效管理，而不是仅仅只是收集数据并作图。SPC系统的功能框架如图5-13所示。

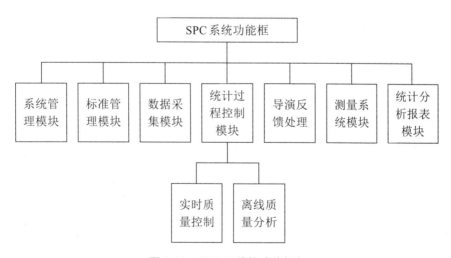

图5-13 SPC系统的功能框架

七、质量管理系统（QMS）

质量管理系统（QMS，Quality Management System）通过系统平台为用户实现对标准、法规和质量活动的全面管理。QMS不仅实现文档电子化，并且能够进行数据分析和信息挖掘，给用户提供详细的趋势分析，帮助用户发现趋势，改进生产过程，提高质量管理的水平。

图5-14是某公司设计的新一代QMS产品，实现可配置性和面向服务的架构体系。

（一）QMS系统的特点

（1）工单状态实时监控。工序在制品的开工数量，完工数量，在制品积压状况及质检结果等信息一目了然。

（2）强大数据采集引擎、整合数据采集渠道（RFID、条码设备、PLC、数控设备集成等），覆盖整个工厂制造现场，保证海量现场数据的实时、准确、全面的采集。

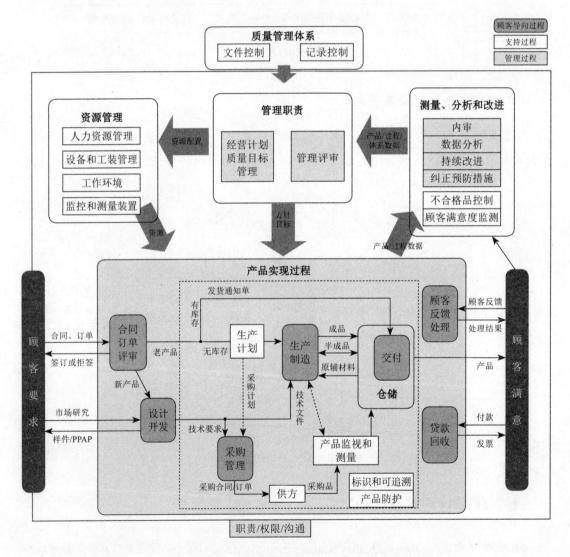

图5-14　某企业开发的QMS系统架构

（3）可按时间、按产品品号、按订单号等多种查询条件进行产量的查询分析。

（4）实时查询产量日推移、月推移报表，以走势图的方式直观了解产品产量的变化，帮助企业更好地安排未来的生产。

（5）各类质量分析报表：合格率、不良率、报废率等统计报表。直观反映出目前造成质量不良的故障原因是哪些，分别造成多少数量的不良，为企业提高产品质量、降低不良损失提供了准确依据。

（6）全面完整的产品追溯功能，计划执行过程中采集加工信息、质量信息、物料信息、人员信息、设备信息等各类状态信息，形成完整的产品追溯链。系统自动建立"人、机、料、法、环、测"详细的产品追溯档案。

（二）QMS实施后的效果

（1）制造执行过程透明化：通过QMS系统实时采集如工序产量、工单在制品转移状况、检验、产品不良故障等详细生产过程数据，并提供汇总分析报表工具，为企业不同管理层的生产管理决策提供了有效依据。

（2）缩短产品制造周期：节省大量手动作业流程，缩短了产品的制造周期。同时，实时信息采集和反馈，消除由于信息不对称而造成的各种生产过程延误，从而使生产管理人员能在生产车间外实时掌握第一手生产信息，对突发状况做出快速反应，使产出与计划结合更加紧密。

（3）提高产品质量：通过对产品生产全过程监控，提供给质检人员相关的基础数据和分析工具，帮助企业进行日常品质分析和周期性的品质持续改进。对工艺过程的合法性、产品率、不良缺陷分布的波动状况进行实时监控并预警，对产线上的问题进行有效预防。

（4）降低生产成本：通过对生产现场的实时监控与预警，预防问题的发生，降低产品维修和重工数量。并根据各类统计分析的电子报表，节省时间和人力、物力，实现工厂无纸化生产，随之降低人力与其他生产资源的使用。

八、EMS设备管理系统

（一）何谓EMS设备管理系统

EMS（Equipment Management System，设备管理系统）通过实时采集现场的设备状态，实时显示当前设备运行状态，记录设备故障发生的时刻，进而通过管理系统对设备运行、产量、停机、报警等各种数据自动进行综合分析。通过现场LED大屏进行实时显示，便于了解现场设备状况，提升设备利用率，进而提升效益，降低运营成本。系统可以与企业内部的业务系统做数据对接，提高数据的准确性、及时性。

（二）EMS设备管理系统的功能模块

设备管理系统是非常通用的管理信息系统，使用它可以有效地管理设备资源、维护设备的正常运转，从而提高工作效率。设备管理系统一般包括表5-8所示的几部分。

表5-8　EMS的功能模块

序号	功能模块	具体说明
1	设备信息管理	提供企业各种设备信息增加，修改，删除，查询等操作，通过规范的编码体系，进行资产设备档案管理、设备台账管理以及设备各类信息的统计分析，设备原值折旧等管理，设备资料的导入导出，设备附件管理，设备组合查询统计等
2	设备运行状态管理	记录资产设备的日常运营工作情况，建立动态的统计报表与运行情况报表统计
3	设备维修管理	对于资产设备的日常维护计划进行有效管理，并对维护类别、原因及维护工作实施情况进行实施管理与控制，并建立维护统计分析报表，另外可打印保养计划，自动保养提醒及维修计划审批
4	设备调拨管理	对于资产设备的调拨进行有效的控制与管理，对调拨计划、原因，调拨审批及调拨的工作实施进行过程控制，并建立调拨统计分析报表
5	设备文档管理	对资产设备整个生命周期内的图文资料进行管理
6	设备报废管理	对于资产设备的报废进行审批及控制，对报废原因、计划及报废的审批及报废的工作实施进行全程管理，并可自动计算折旧年限及建立报废统计分析报表
7	特种设备管理	对特种设备进行增加，修改，删除及查询操作，并对特种设备进行检测管理
8	设备库存管理	进行设备出入库管理，并可生成库存明细表，出入库明细，同时可进行条码打印
9	设备盘点	对资产设备进行盘点，进行盘盈盘亏及与财务系统接口管理
10	日志权限管理	对资产设备的管理按行政级别进行权限控制，并对重要的操作进行日志记录，以保证系统安全

（三）EMS设备管理系统的作用

EMS作用主要体现在采用信息化管理方式管理设备台账、日常运行、保养维护、点巡检、故障报修、报废等，助力企业实现设备管理信息化、无纸化和智能化，提升设备可利用率，提高设备收益，降低管理成本，提升企业经济效益，提高企业市场竞争力。具体如图5-15所示。

作用一	能够固化优秀的设备管理模式，提升企业设备管理标准化水平
作用二	可助推设备管理流程的再造与优化，实现设备管理规范化和精细化，提高企业总体执行效率
作用三	可建立设备管理数据库，通过信息共享，方便企业查询、统计和分析，避免因人员变动等造成资料和数据的缺失，保障信息管理安全稳定
作用四	可提高设备的可靠性和可利用率，减少企业设备故障停机时间，提升设备的综合运行效率
作用五	能合理地整合与配置企业的技术资源、人力资源、备件资源以及资金等，帮助企业实现资源利用最大化，提高维修工作的效能
作用六	可借助信息系统及互联网技术加强现场工作管控，全面跟踪记录设备维护、维修过程，帮助企业实时掌握设备状态，为企业设备资产管理提供准确及时的维护与维修信息分析
作用七	可为企业提供备件库存预警机制，实现采购—库存—消耗联动，降低备件库存及其备件成本，并配合相关管理制度加强备件领用管理
作用八	可制定出科学的绩效指标与考核体系，通过数据处理分析为企业经营决策提供科学依据

图5-15 EMS的作用

九、PLC生产控制系统

PLC（Programmable Logic Controller，可编程逻辑控制器），一种数字运算操作的电子系统，专为在工业环境应用而设计的。它采用一类可编程的存储器，用于其内部存储程序，执行逻辑运算、顺序控制、定时、计数与算术操作等面向用户的指令，并通过数字或模拟式输入/输出控制各种类型的机械或生产过程，是工业控制的核心部分。

（一）PLC系统的特点

PLC系统具有图5-16所示的特点。

特点一	从开关量控制发展到顺序控制、运算处理，是从下往上的
特点二	逻辑控制、定时控制、计数控制、步进（顺序）控制、连续PID控制、数据控制——PLC具有数据处理能力、通信和联网等多功能
特点三	可用一台PC机为主站，多台同型PLC为从站
特点四	也可一台PLC为主站，多台同型PLC为从站，构成PLC网络。这比用PC机作主站方便之处是：有用户编程时，不必知道通信协议，只要按说明书格式写就行
特点五	PLC网络既可作为独立DCS/TDCS，也可作为DCS/TDCS的子系统
特点六	主要用于工业过程中的顺序控制，新型PLC也兼有闭环控制功能

图5-16 PLC系统的特点

（二）PLC系统的应用领域

目前，PLC系统在国内外已广泛应用于钢铁、石油、化工、电力、建材、机械制造、汽车、轻纺、交通运输、环保及文化娱乐等各个行业，使用情况大致可归纳为图5-17所示的几类。

图5-17 PLC系统的应用领域

（1）开关量的逻辑控制。这是PLC控制器最基本、最广泛的应用领域，它取代传统的继电器电路，实现逻辑控制、顺序控制，既可用于单台设备的控制，也可用于多机群控及自动化流水线。

比如注塑机、印刷机、订书机械、组合机床、磨床、包装生产线、电镀流水线等。

（2）工业过程控制。在工业生产过程当中，存在一些如温度、压力、流量、液位和速度等连续变化的量（即模拟量）。为了使可编程控制器处理模拟量，必须实现模拟量

（Analog）和数字量（Digital）之间的A/D转换及D/A转换。PLC厂家都生产配套的A/D和D/A转换模块，使可编程控制器用于模拟量控制，完成闭环控制。

> **提醒您**
>
> PID调节是一般闭环控制系统中用得较多的一种调节方法。过程控制在冶金、化工、热处理、锅炉控制等场合有非常广泛的应用。

（3）运动控制。PLC控制器可以用于圆周运动或直线运动的控制。从控制机构配置来说，早期直接用于开关量I/O模块连接位置传感器和执行机构，现在一般使用专用的运动控制模块。如可驱动步进电机或伺服电机的单轴或多轴位置控制模块。

世界上各主要PLC控制器生产厂家的产品几乎都有运动控制功能，广泛用于各种机械、机床、机器人、电梯等场合。

（4）数据处理。现代PLC控制器具有数学运算（含矩阵运算、函数运算、逻辑运算）、数据传送、数据转换、排序、查表、位操作等功能，可以完成数据的采集、分析及处理。这些数据可以与存储在存储器中的参考值比较，完成一定的控制操作，也可以利用通信功能传送到别的智能装置，或将它们打印制表。

> **提醒您**
>
> 数据处理一般用于大型控制系统，如无人控制的柔性制造系统，也可用于过程控制系统，如造纸、冶金、食品工业中的一些大型控制系统。

（5）通信及联网。PLC控制器通信含PLC控制器间的通信及PLC控制器与其他智能设备间的通信。随着计算机控制的发展，工厂自动化网络发展得很快，各PLC控制器厂商都十分重视PLC控制器的通信功能，纷纷推出各自的网络系统。新近生产的PLC控制器都具有通信接口，通信非常方便。

十、DCS 集散控制系统

DCS（Distributed Control System，分布式控制系统）在国内自控行业又称之为集散控制系统，是相对于集中式控制系统而言的一种计算机控制系统，它是在集中式控制系统的基础上发展演变而来的。

（一）DCS 的特点

作为生产过程自动化领域的计算机控制系统，DCS具有图5-18所示的特点。

特点一 **系统可靠性高**

DCS控制系统将控制功能分散在了各个计算机上来实现，每台计算机承担单一的系统任务，这样，当系统的任一计算机出现故障后，不会对系统其他计算机构成重大影响，而且这种结构模式可以针对系统需求采用专用计算机来实现功能要求，使系统中计算机的性能得到了较大的提升，提高了系统可靠性

特点二 **开放的系统特性**

DCS控制系统采用了标准化、模块化的设计，系统中的独立计算机通过工业以太网进行网络通信。标准化、模块化的设计使得系统具备了开放特性，各个子系统可以方便地接入控制系统，也可以随时从系统网络中卸载退出，不会对其他子系统或是计算机造成影响，使系统在进行功能扩充与调整时十分方便

特点三 **系统维护简单方便**

DCS控制系统由功能单一的小型或是微型计算机组成，各个计算机间相互独立，局部故障不影响其他计算机的功能，可以在不影响系统运行的条件下进行故障点故障的检测与排除，具有维护简单、方便的特点

特点四 **系统组成灵活、功能齐全**

DCS控制系统可以实现连续、顺序控制，可实现串级、前馈、解耦、自适应以及预测控制，其系统组成方式十分灵活，可以由管理站、操作员站、工程师站、现场控制站等组成，也可以由服务器、可编程控制器等组成

图5-18　DCS的特点

（二）DCS的结构组成

DCS从系统结构上来说，分为过程级、操作级与管理级。具体如图5-19所示。

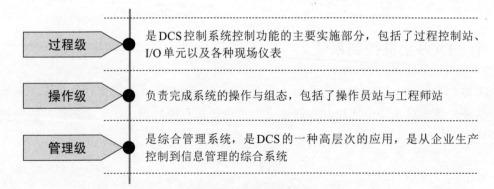

过程级 是DCS控制系统控制功能的主要实施部分，包括了过程控制站、I/O单元以及各种现场仪表

操作级 负责完成系统的操作与组态，包括了操作员站与工程师站

管理级 是综合管理系统，是DCS的一种高层次的应用，是从企业生产控制到信息管理的综合系统

图5-19　DCS的结构

目前来说，在一般的工业应用中，主要是由过程级与操作级组成，具备管理级的DCS控制系统在实际应用中还是比较少的，尤其是在一些规模处于中小等级的企业中，涉及管理级的更为少见。

（三）DCS的应用领域

DCS主要应用于过程控制，主要应用在发电、石化、钢铁、烟草、制药、食品、石油化工、冶金、矿业等自动化领域，其中航天航空、火电、核电、大型石化、钢铁的主控单元目前必须使用DCS进行控制。

十一、SFIS生产现场管控系统

SFIS（Shop Floor Information System，生产现场管控系统），是一套能够掌握生产现场状态并及时反馈信息给管理者，以便对生产现场进行有效控制的系统。

（一）SFIS的意义

从公司整体运作来看，SFIS连接上层制造业ERP系统、供应链管理系统和下层的现场作业/生产设备，可提供实时且准确的实际生产数据，进而帮助管理者制订运筹计划。从现场管理来看，SFIS整合了工厂现场各单位（如生管、制造、品管等）的各项数据，使各单位得以迅速得到作业所需的信息，以提升生产效率、产品质量与客户满意度。

（二）SFIS的特性

SFIS具有图5-20所示的特性。

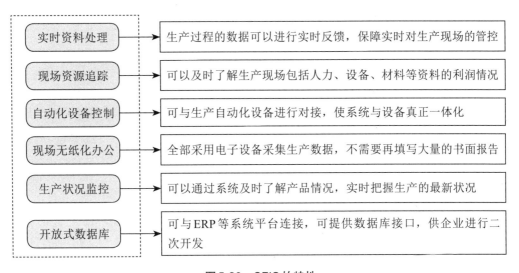

实时资料处理	生产过程的数据可以进行实时反馈，保障实时对生产现场的管控
现场资源追踪	可以及时了解生产现场包括人力、设备、材料等资料的利润情况
自动化设备控制	可与生产自动化设备进行对接，使系统与设备真正一体化
现场无纸化办公	全部采用电子设备采集生产数据，不需要再填写大量的书面报告
生产状况监控	可以通过系统及时了解产品情况，实时把握生产的最新状况
开放式数据库	可与ERP等系统平台连接，可提供数据库接口，供企业进行二次开发

图5-20　SFIS的特性

（三）SFIS的功能

SFIS具有图5-21所示的功能。

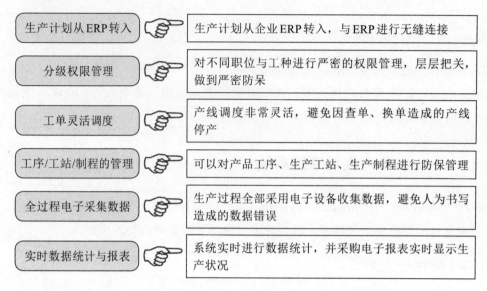

图5-21　SFIS的功能

（四）SFIS的架构与作业流程

SFIS的架构如图5-22所示。

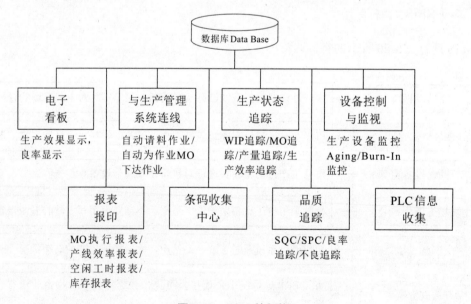

图5-22　SFIS的架构

SFIS的作业流程如图5-23所示。

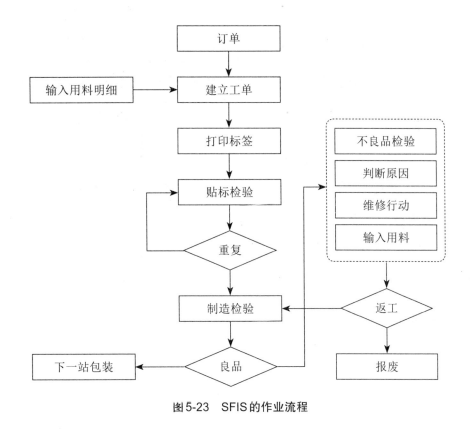

图5-23 SFIS的作业流程

十二、制造现场安灯系统

Andon系统是一个柔性自动控制和生产管理系统，可对工位或生产线上的异常状况进行传递报警（包括品质、设备、物料等问题），实现透明化的生产现场管理。

（一）何谓安灯系统

安灯系统（Andon）是一种现代企业的信息管理工具。Andon也称暗灯或安灯，原为日语的音译，日语的意思为"灯""灯笼"。在一个安灯系统中每个设备或工作站都装配有呼叫灯，如果生产过程中发现问题，操作员（或设备自己）会将灯打开引起注意，使得生产过程中的问题得到及时处理，避免生产过程的中断或减少它们重复发生的可能性。安灯系统架构如图5-24所示。

（二）工厂安灯系统的目的

安灯系统的基础功能是车间的异常信息报警，使用安灯系统可以最直观地降低异常发生报警和异常响应的时间，跳过不必要的人为沟通，达到快速响应和快速解决异常的目的。

209

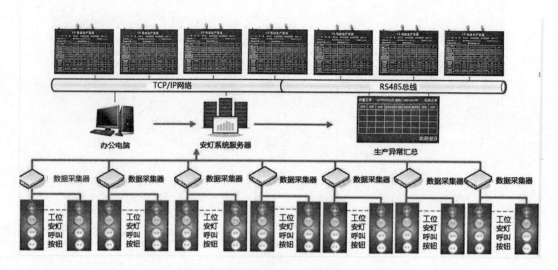

图5-24　安灯系统架构图示

安灯系统无论是工位物料的拉动，或者异常处理问题填写，都可以在系统后台操作设置，避免纸张的浪费和纸张遗失，在后续的跟进中出现问题，达到节省基础成本的作用。

工厂安灯系统可让设备问题得到快速暴露、快速解决，另外问题记录方便后续如有人员调动，新上岗人员可以快速接手，了解设备本身问题，达到降低设备停机率，提高工作效率的作用。图5-25为生产现场电子看板。

图5-25　生产现场电子看板

（三）工厂安灯系统的意义

安灯系统是车间基层和管理层的桥梁，管理者注重生产计划、生产效率，安灯系统可以很好地缓解基层的压力，把所有数据都透明化，员工的休息时间、设备的停复机时间都可以进行记录，让管理者不出办公室门就可以掌握某台机器或者某个员工的状况，同时，对员工的绩效考核也可以用数据作为参考。图5-26为生产车间呼叫看板。

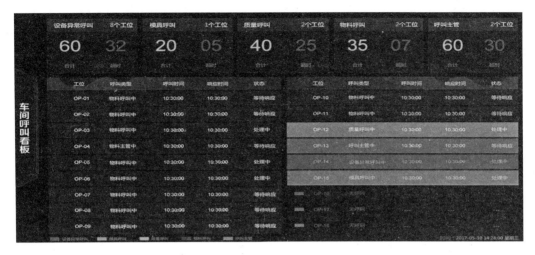

图5-26 生产车间呼叫看板

十三、SMT防错料管控系统

SMT（Surface Mount Technology）系统，即为防错料管控系统，是一套可以防止生产错料问题，保证产品质量，减少停止时间，大幅度提高生产效率的实用性工业软件。

在表面贴装技术行业，贴片设备是连续高速运行的，如果在机种切换时不能有效防止用错料或用错送料机，将造成批量的返工或报废从而给企业带来巨大损失。要避免这种情况的发生，好的办法就是在机种切换时、续料时、换料时、ECN变更时，能便捷有效地将待上料的机台、料站、通道以及料盘的对应关系与标准料站表进行比较，由系统自动根据校验规则进行校验，从而起到智能防错的效果。

（一）SMT系统的优势

SMT系统具有表5-9所示的优势。

表5-9 SMT系统的优势

序号	优势	具体说明
1	防错能力强	在上料、接料、换料过程提供错料声光警示，一旦用料错误，系统立刻报警，禁止继续用料操作
2	设备严格管控	系统对贴片机、钢网、飞达等进行严格管控
3	智能化操作强	智能欠料预警，可让上料员提前备料，大幅减少停机时间。智能备料，快速准确地指引上料员进行找料备料，提高备料效率。智能上料，上料员只需进行简单的扫描步骤即可准确无误上料，提高上料效率。智能线，把线时间由传统方式花费的线时间2～4个小时缩短到30分钟以内，减少停机时间和线工时

序号	优势	具体说明
4	严格生产管控	备料上料过程严格控制，并完整记录，可以方便地查询到订单上使用的物料的厂商、批号、生产日期、规格，以及上料员、上料时间、换料时间等详尽的信息
5	多样化的追溯性	提供丰富的报表查询功能，如BOM、PCBA用料记录、上料记录、错料记录、产记录、叫料看板等，满足生产时的不同需求
6	高度适应性	可以同MES、ERP等系统进行数据对接共享，同时可以根据不同的客户进行定制开发，适应不同需求客户的要求
7	提高效率、节约成本	完全抛弃纸质站位表，操作员无需上料表，根据系统的提示即可快速无误地备料及上料，使得新员工培训简单化，最大化减少人工操作，提高运行效率

（二）SMT系统工作原理

SMT系统的工作原理如图5-27所示。

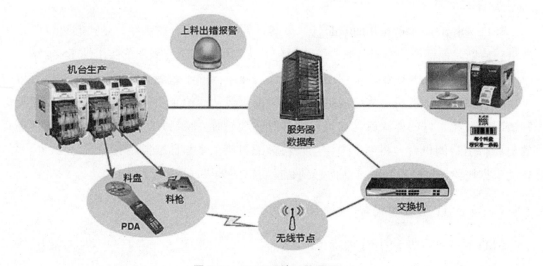

图5-27　SMT系统工作原理

（三）SMT系统的功能模块

主流的SMT系统一般都包含表5-10所示的功能模块。

表5-10　SMT系统的功能模块

序号	功能模块	具体说明
1	权限管理	给不同的岗位员工设置对应的登录账号，根据员工不同职位与工作性质，定义不同的管理权限和操作界面，使作业操作过程简洁化、简单化，标准化

续表

序号	功能模块	具体说明
2	基本资料建立	（1）物料信息：物料编码、名称、规格、型号等； （2）产品信息：产品编码、名称、型号、规格、物料详细列表等； （3）物料标准：标准类型编码、名称、规格、参数等； （4）机台信息：机台编码、机台编号、机台其他信息； （5）人员信息：人员代码、姓名、职位、部门等； （6）料盘信息：料盘编码（含物料编码、标准类型、标准编码）、其他信息
3	工单管理	SMT作业员在系统内建立生产工单，工单内容大体包括：工单编码、生产产品的名称、规格、型号、所需物料列表（物料编码、名称、型号、数量等信息）、物料标准类型、数量等信息
4	配料防呆管理	作业员根据生产工单在仓库拣取物料后，进行配料作业。作业员刷读工单编码与料盘编码，当系统判断料盘所列物料与生产工单所列物料一致时，系统提示配料正确，否则系统报警提示配料错误
5	作业权责管理	作业员生产工单，需要刷读工单编码、人员编码与机台编码，系统将记录作业员的信息、生产机台、生产工单、生产开始时间、生产结束时间、生产状况等信息
6	上料防呆管理	作业员首次上料时刷读工单编码与料盘编码，当两者一致时，系统允许正常生产，否则系统报警
7	混料防呆管理	工单正式生产时，在同一种物料的同一标准类型的物料未完成投料时，系统将不允许投入其他不同标准类型的物料。否则系统报错，防止混料的情况发生
8	换料防呆管理	当工单或者工单某一标准类型的物料生产完毕，需要投入其他标准类型的物料时，需要上级主管（班组长）刷码解锁批准，否则无法进行投料，防止混料情况发生
9	无纸化作业	系统运行全过程无需人工手动填写报表，全过程使用条形码作为物料和料盘的身份识别编码，然后使用PDA移动终端代替人工输入，方便作业员操作，提升作业过程的工作效率
10	生产追溯查询	管理者和主管部门，可以通过系统追溯查询生产的状况，主要包括生产订单的进度、物料/配料与上料情况、作业员信息、生产起止时间、生产异常情况等信息
11	电子报表	系统可以根据某日、某月、某年查询数据，并生成相应的工作报表，内容包括：生产产能数据、作业员信息、生产日期、数量等相关内容
12	电子看板	系统电子看板，可以实时反馈生产过程的数据，包括工单进度、作业机台、作业员信息、生产起止时间、生产数量等信息
13	SMT机台控制	系统通过蓝牙报警器控制SMT机台启动与停止，全方位防呆错。只有当所有物料与站位绑定后扫描结果与料站表一致时SMT机台可以启动。否则蓝牙报警就报警并控制SMT机无法启动
14	FEEDER维修与保养	可以对FEEDER使用次数进行记录，可根据不同要求设置保养及维修次数，进行FEEDER管控

案例

安泰智和 SMT 物料防错料系统

1. BOM 级防错。对生产 BOM 进行数字化编制，与生产工单进行条码关联防止 BOM 用错。

2. 物料发放防错。在库房物料发放时，自动关联 BOM，自动检测校正入库，出库是否正确。

3. 实现生产程序编制，自动与 BOM 比对，并对所有设备的生产程序进行数字化管理。

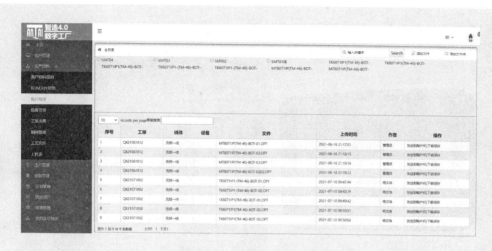

4.生产现场管制，统一检测设备的标准及质量结果跟踪。

其执行步骤如下所示。

其一：SMT监控大屏提示设备状态，预警物料信息。

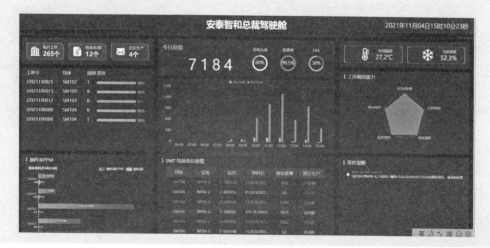

其二：技术人员&品质人员（手表&PDA）收到任务通知。

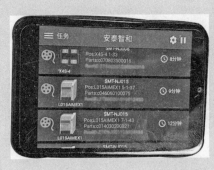

其三：人员异常处理不及时或错误，报警器会关掉贴片机；只有当补充的元器件与BOM资料、程序资料一致时，才会解除警报，恢复正常生产。

5.统一检测设备标准及跟踪质量结果。

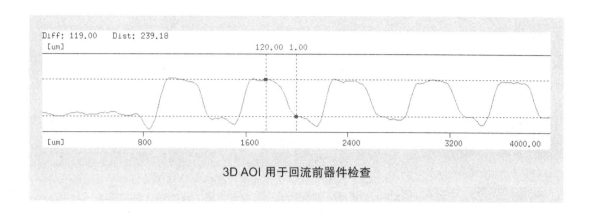

3D AOI 用于回流前器件检查

第四节　智能物流与供应链应用软件

制造企业内部的采购、生产、销售流程都伴随着物料的流动，因此，越来越多的制造企业在重视生产自动化的同时，也越来越重视物流自动化，自动化立体仓库、无人引导小车（AGV）、智能吊挂系统得到了广泛的应用。而在制造企业和物流企业的物流中心，智能分拣系统、堆垛机器人、自动辊道系统的应用日趋普及。WMS智能仓储管理系统、RFID仓储管理系统、WCS仓储控制系统、DPS自动拣选系统也受到制造企业的普遍关注。

一、WMS智能仓储管理系统

智能仓库管理系统（WMS）已经普遍应用于制造业、分销业及公共仓库业务中。在制造业方面，仓库管理系统以仓库作业技术的整合为主要目标，使库存成为流水线的一个流动环节，也使流水线成为库存操作的一个组成部分。

WMS系统不但包含了正常的出入库、盘点等库存管理基本功能，重点在于可以实现仓库作业过程的管理，通过条码及PDA等技术手段，对仓储中作业动作及过程进行指导和规范，自动采集及记录相关数据，提高作业的准确性、速度，增加仓库管理的效率、透明度、真实度，降低仓储管理成本，从而提高企业的生产力和物流效率。

（一）WMS系统的优势

WMS系统可以独立执行库存操作，也可以实现物流仓储与企业运营、生产、采购、销售智能化集成，可为企业提供更为完整的物流管理流程和财务管理信息。具体来说，智能仓库WMS系统的5个优势如图5-28所示。

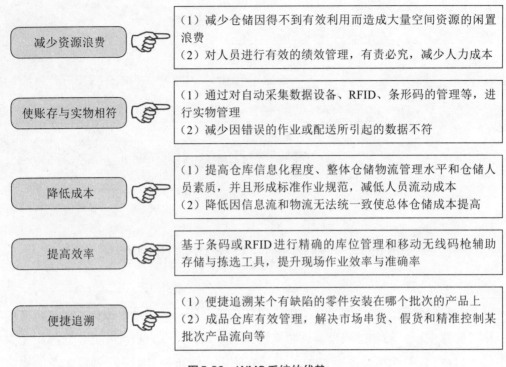

图5-28　WMS系统的优势

（二）WMS系统可实现的功能

WMS系统能控制并跟踪仓库业务的全过程，实现完善的企业仓储信息管理。该系统可以独立执行库存操作，与其他系统的单据和凭证等结合使用，可提供更为全面的企业业务流程和财务管理信息。WMS一般具有以下几个功能模块：管理单独订单处理及库存控制、基本信息管理、货物流管理、信息报表、收货管理、拣选管理、盘点管理、移库管理、打印管理和后台服务系统。以下提供某制造企业WMS系统的基本功能，如表5-11所示。

表5-11　某制造企业 WMS 系统的基本功能

序号	功能模块	功能说明
1	货位管理	采用数据收集器读取产品条形码，查询产品在货位的具体位置，如X产品在A货区B航道C货位，实现产品的全方位管理。通过终端或数据收集器实时地查看货位货量的存储情况、空间大小及产品的最大容量，管理货仓的区域、容量、体积和装备限度
2	产品质检	产成品包装完成并粘贴条码之后，运到仓库暂存区由质检部门进行检验，质检部门对检验不合格的产品扫描其包装条码，并在采集器上作出相应记录，检验完毕后把采集器与计算机进行连接，把数据上传到系统中，对合格产品生成质检单，由仓库保管人员执行生产入库操作

序号	功能模块	功能说明
3	产品入库	从系统中下载入库任务到采集器中，入库时扫描其中一件产品包装上的条码，在采集器上输入相应数量，扫描货位条码（如果入库任务中指定了货位，则采集器自动进行货位核对），采集完毕后把数据上传到系统中，系统自动对数据进行处理，数据库中记录此次入库的品种、数量、入库人员、质检人员、货位、产品生产日期、班组等所有必要信息，系统并对相应货位的产品进行累加
4	物料配送	根据不同货位生成的配料清单，包括配料时间、配料工位、配料明细、配料数量等，相关保管人员在拣货时可以根据这些条码信息自动形成预警，对错误配料的明细和数量信息都可以进行预警提示，极大地提高仓库管理人员的工作效率
5	产品出库	产品出库时仓库保管人员凭销售部门的提货单，根据先入先出原则，从系统中找出相应产品数据下载到采集器中，制定出库任务，到指定的货位，先扫描货位条码（如果货位错误则采集器进行报警），然后扫描其中一件产品的条码，如果满足出库任务条件则输入数量执行出库，并核对或记录下运输单位及车辆信息（以便以后产品跟踪及追溯使用），否则采集器可报警提示
6	仓库退货	根据实际退货情况，扫描退货物品条码，导入系统生成退货单，确认后生成退货明细并核算账务等
7	仓库盘点	根据公司制度，在系统中根据要进行盘点的仓库、品种等条件制定盘点任务，把盘点信息下载到采集器中，仓库工作人员通过到指定区域扫描产品条码输入数量的方式进行盘点，采集完毕后把数据上传到系统中，生成盘点报表
8	库存预警	仓库环节可以根据企业实际情况为仓库总量等设置上下警戒线，当库存数量接近或超出警戒线时，进行报警提示，及时地进行生产、销售等的调整，优化企业的生产和库存
9	质量追溯	此环节的数据准确性与之前的各种操作有密切关系。可根据各种属性如生产日期、品种、生产班组、质检人员、批次等对相关产品的流向进行每个信息点的跟踪，同时也可以根据相关产品属性、操作点信息对产品进行向上追溯。信息查询与分析报表在此系统基础上，可根据需要设置多个客户端，为不同的部门设定不同的权限，无论是生产部门、质检部门、销售部门、领导决策部门都可以根据所赋权限在第一时间查询到相关的生产、库存、销售等各种可靠信息，并可进行数据分析，同时可生成并打印所规定格式的报表
10	业务批次管理	该功能提供完善的物料批次信息、批次管理设置、批号编码规则设置、日常业务处理、报表查询，以及库存管理等综合批次管理功能，使企业进一步完善批次管理，满足经营管理的需求
11	保质期管理	在批次管理基础上，针对物料提供保质期管理及到期存货预警，以满足食品和医药行业的保质期管理需求。用户可以设置保质期物料名称、录入初始数据、处理日常单据，以及查询即时库存和报表等

序号	功能模块	功能说明
12	质量检验管理	集成质量管理功能是与采购、仓库、生产等环节相关的功能，实现对物料的质量控制，包括购货检验、完工检验和库存抽检3种质量检验业务。同时为仓库系统提供质量检验模块，综合处理与质量检验业务相关的检验单、质检方案和质检报表，包括设置质检方案检验单、质检业务报表等业务资料，以及查询质检报表等
13	即时库存智能管理	该功能用来查询当前物料即时库存数量和其他相关信息，库存更新控制随时更新当前库存数量，查看方式有如下多种。 （1）所有仓库、仓位、物料和批次的数量信息； （2）当前物料在仓库和仓位中的库存情况； （3）当前仓库中物料的库存情况； （4）当前物料的各批次在仓库和仓位中的库存情况； （5）当前仓库及当前仓位中的物料库存情况
14	赠品管理	该功能实现赠品管理的全面解决方案，包括赠品仓库设置、连属单据定义、赠品单据设置、定义业务单据联系、日常业务流程处理，以及报表查询等功能
15	虚仓管理	仓库不仅指具有实物形态的场地或建筑物，还包括不具有仓库实体形态，但代行仓库部分功能且代表物料不同管理方式的虚仓。仓库管理设置待检仓、代管仓和赠品仓等3种虚仓形式，并提供专门单据和报表综合管理虚仓业务
16	仓位管理	该功能在仓库中增加仓位属性，同时进行仓位管理，以丰富仓库信息，提高库存管理质量，主要包括基础资料设置、仓库仓位设置、初始数据录入、日常业务处理和即时库存查询等
17	业务资料联查	单据关联（包括上拉式和下推式关联）是工业供需链业务流程的基础，而单据联查询查询业务流程中的单据关联为仓库系统提供了单据、凭证、账簿、报表的全面关联，以及动态连续查询
18	多级审核管理	多级审核管理是对多级审核、审核人、审核权限和审核效果等进行授权的工作平台，是采用多角度、多级别及顺序审核处理业务单据的管理方法。它体现了工作流管理的思路，属于ERP系统的用户授权性质的基本管理设置
19	系统参数设置	该功能初始设置业务操作的基本业务信息和操作规则，包括设置系统参数、单据编码规则、单据类型及打印等，帮助用户把握业务操作规范和运作控制
20	波次计划WAVE	将多个订单合成一个订单，或将一个大订单拆分成多个小订单。主要用来提高拣货效率

当然，不同的软件公司开发出来的WMS系统，其功能也会有差异。企业在选择时要结合企业的实际多加对比、衡量。

二、RFID仓储管理系统

RFID仓储管理系统是一个基于RFID识别技术识别追踪货物、管理和查验货物信息的平台，其中追踪主要包括配送需求、货物送货、货物入库和配送超时等功能模块。该系统将先进的RFID识别技术和计算机的数据库管理查询相结合，自动识别货物信息，实现企业物流运作的自动化、信息化、智能化的需求，同时实现RFID技术与企业信息化体系的无缝对接，确保RFID技术在企业物流作业中发挥最大效益。

（一）RFID仓储管理系统组成

RFID仓储管理系统采用B/S+C/S结构，由数据追溯平台（B/S）和手持客户端程序（C/S）两部分组成，其中数据追溯平台具有与企业ERP系统数据对接、客户端数据接口支持和追溯信息查看等功能。RFID仓储管理系统的网络结构如图5-29所示。

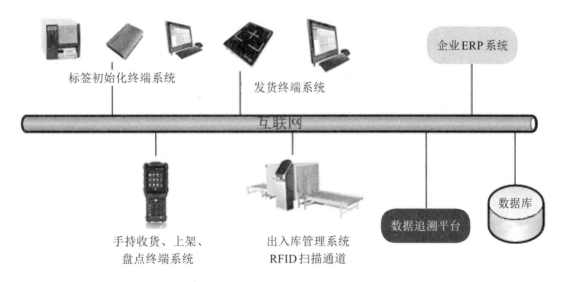

图5-29 RFID仓储管理系统的网络结构

客户端程序根据软件使用环境分为图5-30所示的两种。

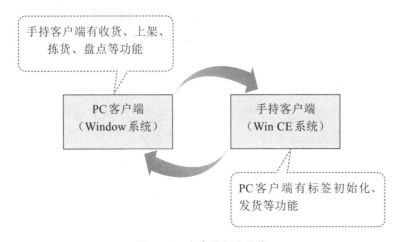

图5-30 客户端程序分类

（二）RFID仓储管理系统结构

RFID仓储管理系统硬件主要由RFID标签、固定式读写器、手持式读写器、服务器、个人电脑等组成，通过网络实现相互连接和数据交换。

RFID仓储管理系统软件由供应链管理系统、RFID标签发行系统和RFID标签识别采集系统组成（见图5-31），这几个系统互相联系，共同完成物品管理的各个流程。后台数据库管理系统是整个系统的核心，RFID识别采集是实现管理功能的基础和手段。

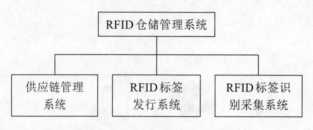

图5-31　RFID系统软件结构

1.供应链管理系统

供应链管理系统由数据库服务器和管理终端组成，是系统的数据中心，负责与读写器的数据通信，将读写器上传的数据转换并插入到供应链仓储管理系统的数据库中，对多种标签信息集中进行储存和处理。

2.RFID标签发行系统

RFID标签发行系统由发卡机和标签信息管理软件组成，负责完成库位标签、物品标签、包装箱标签的信息写入和标签ID号的更改、授权和加密等。标签信息管理软件嵌入在后台系统中，实现与供应链系统中的一一对应。

3.RFID标签采集系统

RFID标签采集系统由读写器、手持机和标签等组成，读写器和手持机自动识别物品上的标签信息，并将信息发送后后台系统进行分析和整理，从而判断物品入库、出库、调拨和维修流程等。

（三）RFID仓储管理系统的优势

RFID仓储物流管理系统对企业物流货品进行智能化、信息化管理，实现自动发送配送需求信息、实时跟踪货品送货情况、自动记录货品入库信息、系统自动报警和与WMS系统实时对接等功能。具体来说，RFID仓储管理系统具有图5-32所示的优势。

　不再需要各种单据交接货品，不再需要补录出入库信息。RFID智能仓储系统能自动查询货品信息、自动提交出入库信息、全程实时反映现场作业

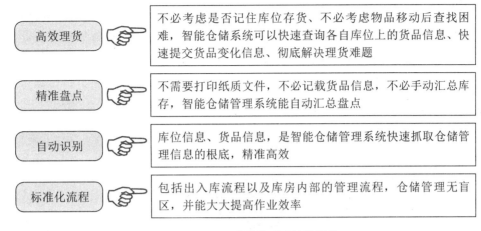

高效理货	不必考虑是否记住库位存货、不必考虑物品移动后查找困难，智能仓储系统可以快速查询各自库位上的货品信息、快速提交货品变化信息、彻底解决理货难题
精准盘点	不需要打印纸质文件，不必记载货品信息，不必手动汇总库存，智能仓储管理系统能自动汇总盘点
自动识别	库位信息、货品信息，是智能仓储管理系统快速抓取仓储管理信息的根底，精准高效
标准化流程	包括出入库流程以及库房内部的管理流程，仓储管理无盲区，并能大大提高作业效率

图5-32　RFID仓储管理系统的优势

（四）RFID仓储管理系统的功能模块

RFID仓储物流管理系统由发卡贴标、出库管理、入库管理、调拨移位、库存盘点和附加功能组成。出库管理系统包含出库货物申领、出库货物识别、出库记录下传。入库管理系统包含库位分配设置、卸货物品识别、入库记录管理。如图5-33所示。

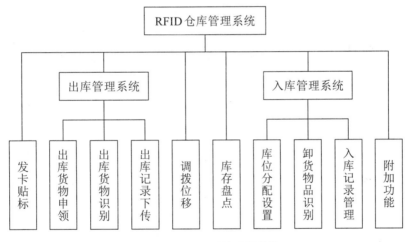

图5-33　RFID系统功能模块

1.货物贴标

对新购置的货物进行贴标操作，使其配备电子标签。标签的唯一ID号或用户写入数据可作为货物的标识码，其数据用于记录货物名称、购入时间、所属仓库、货物属性等信息。当安装在各个通道的读写器识别到标签时便可自动获取货物的所有信息。

2.货物入库

首先，对需要入库货物在系统上先安排库位，如货物属于哪类，需要放置在哪个仓

223

库，哪个货架。其次，将所有已贴有标签的物品放到待入库区，从出入通道运入仓库内。当经过通道时，RFID读写器会自动识别标签信息，若读写器识别的标签信息及数量正确则入库，若读写器识别的标签信息错误或数量少时，系统则进行提示。在入库时操作人员根据标签信息和系统提示准确地将货物存放到相应的仓库区域，同时系统将自动跟进物品信息（日期、材料、类别、数量等），并形成入库单明细。如图5-34所示。

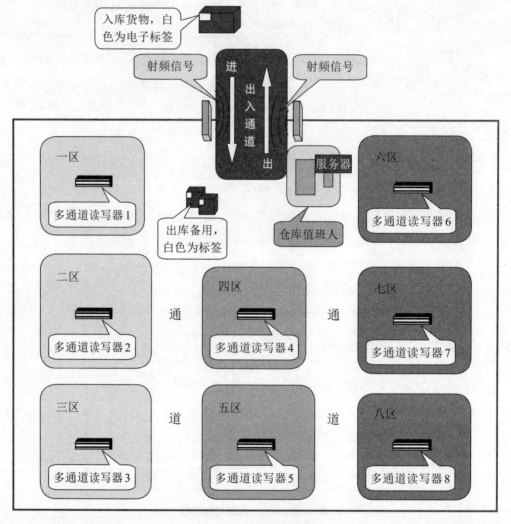

图5-34　货物入库示意图

3.货物出库

货物出库，需在电脑上填写需要出库物品申请单。仓库管理人员接到出库单后通过手持机或者查询服务器找出相应物品，并将货物放置待出库区域，将贴有电子标签的待出库货物通过进出通道被读写器识别后再进行装车。出通道读写器将识别到的电子标签信息与出库申请单核对，确认装车货物是否符合一致，若不一致时则重复识别或补充缺货。系统可自动更新物品信息（日期、材料、类别、数量等），并形成出库单明细。如图5-35所示。

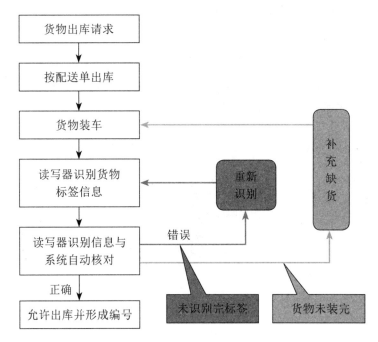

图5-35 货物出库示意图

4.货物调拨和移库

要进行调拨移库的货物，在通过进出通道时，会被安装在通道旁的读写器所识别，读写器记录当前标签信息，并发送至后台中心。后台中心根据进出通道识别标签的先后顺序等判断其为入库、出库还是调拨等。另外还可以通过手持机进行货物移位的操作，当仓库管理员发现某个货物被放错位置时，可手动安放好货物，同时通过手持机更改标签信息并发送给服务器，实现快捷便利的移位功能。如图5-36所示。

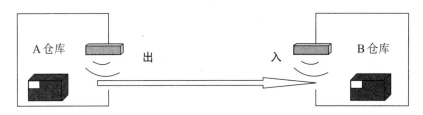

图5-36 货物调拨移库示意图

5.库存盘点

（1）账账核对。通过手持机获取货位RFID标签中的信息，将该信息与仓库管理系统中的信息进行核对，管理人员只需要拿着手持机在货位间走一遍即可完成盘点。

（2）账实核对。核对具体货物的标签信息与仓库管理系统中储存信息点，具体操作如下。

主机形成盘点作业指令，操作员根据指令持激活状态的手持机进入待盘点区域，以每个货位为单位进行盘点。用手持机逐个扫描该货位上所有货物包装上的电子标签，扫描完该货架上所有货物后，进行确认，得到标签盘点信息，通过无线局域网将包含该信息的操作日志传回主机，主机将得到的该盘点信息与货架标签中信息、原始库存信息进行比照，对产生的差额信息作进一步处理。如图5-37所示。

图5-37　库存盘点账实核对示意图

6.附加功能

（1）库存量预警。当库房的存量少于正常存量时，系统将提示补充存量，避免库存不足的现象。

（2）防盗报警。当货物被异常挪动或未经允许带出时，读写器识别的同时即向系统报警，避免货物遗失或被盗。

以下提供一些安泰智和的智能料仓的功能在PDA终端上的界面图片，如图5-38所示，使大家有一个基本的了解。

智能料仓终端主界面

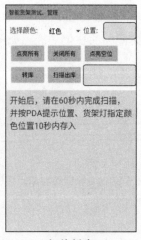

智能料仓

查询物料位置

物料入库　　　　　　　　接料确认　　　　　　　　空盘确认

QC 巡检　　　　　　　　物料出库

图 5-38　安泰智和智能料仓功能界面

三、WCS 仓储控制系统

WCS 系统，即仓储控制系统，位于仓储管理系统（WMS）与物流设备之间的中间层，负责协调、调度底层的各种物流设备，使底层物流设备可以执行仓储系统的业务流程，并且这个过程完全是按照程序预先设定的流程执行，是保证整个物流仓储系统正常运转的核心系统，如图 5-39 所示。

（一）WCS 系统的地位

WCS 系统应用在仓库管理中，用于协调各种物流设备（如输送机、堆垛机、穿梭车以及机器人、自动导引小车）的运行，采用 C/S 架构，主要通过任务引擎和消息引擎，优化分解任务、分析执行路径，为上层系统的调度指令提供执行保障和优化，实现对各种设备系统接口的集成、统一调度和监控。

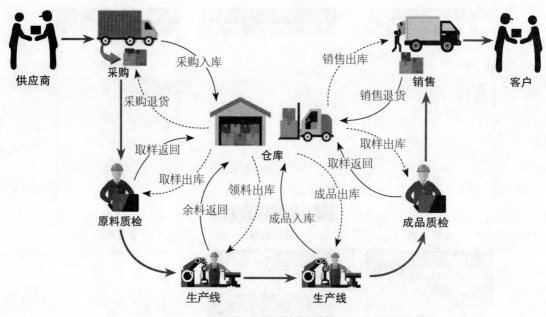

图5-39　WCS系统保证整个物流仓储系统正常运转

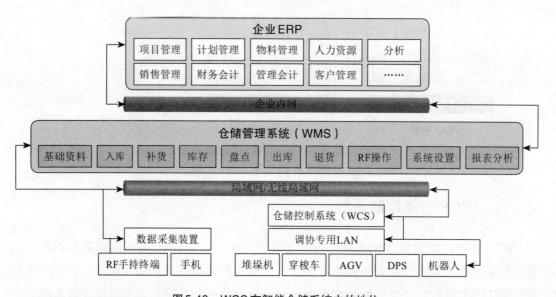

图5-40　WCS在智能仓储系统中的地位

（二）WCS系统的功能

1.与仓库内系统对接，实现仓库内信息交互

对于制造业而言，WCS系统经常需要对接WMS仓储系统、MES制造执行系统、ERP系统等主要企业管理软件。WCS系统在整个企业信息流中属于最底层的执行层系统，

它需要向上获取上层系统的指令，向下指导仓库作业。

2.流程平稳对接现场自动化设备

WCS系统不是直接同硬件设备进行对接，而是通过通信协议和硬件设备的底层PLC进行对接，进而控制设备的前进、后退等动作。硬件设备有：堆垛机、四项车、AGV小车、料箱车、输送线、机械臂、贴标机、外形检测光幕、点数机、读码器等。

3.仓库现场监控，反馈设备状态

WCS系统相当于仓库现场的监控器，它能直观准确地获取立体仓库内所有硬件设备的状态、位置、预警状态以及执行任务情况。一般而言WCS系统内置三维监控系统，此系统能够更直观地将仓库现场情况，利用可视化的形态展示在仓管员面前。

4.WCS系统安全功能

对于无人仓库而言，最重要的关注点除了作业效率外，就是安全保证。安全对于自动化仓库而言是重中之重，WCS系统必须在功能设计上的各个方面注意保证设备安全、仓库内产品安全以及设备防碰措施、路径规划等问题，全方面提高自动化立体仓库的安全水平。

四、自动拣选系统（DPS）

DPS（Digital Picking System，电子拣选系统）具有弹性控制作业时间、即时现场控制、紧急订单处理等功能，能够有效降低拣货错误率、加快拣货速度提高工作效率、合理安排拣货人员行走路线。

（一）DPS的构成

DPS在货物储位上安装电子显示装置，由中央计算机管理控制，借助标示灯信号和数码显示屏作为显示工具，使作业人员根据所显示的数字从而正确、快速、轻松地完成拣货任务。DPS的系统结构如图5-41所示。

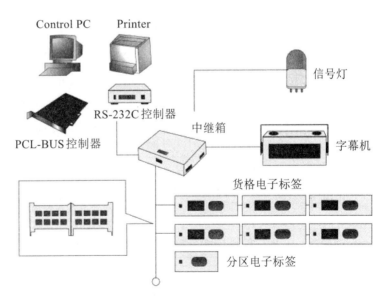

注：系统由控制器、中继箱、电子标签、信号灯、字幕机等构成。

图5-41　DPS的系统结构

（二）DPS的特色

DPS由流动货架、电子标签、堆积滚筒输送线、条形码阅读器、管理与监控系统构成，具有图5-42所示的特色。

特色一	电子标签采用先进信号合成技术，通信讯号搭载于电源波形上，利用不锈钢导轻传输电源及数据信号，配线只需两芯，所有电子标签均并联在一线，统一连接到接入盒中，降低了配线成本
特色二	系统的维护简单。在电子标签拣选系统中，安装了一个零地址电子标签，该标签可实时监视整个DPS系统的运行情况，当出现故障时，零地址电子标签立即显示出错电子标签的地址和故障原因，供操作人员参考，当需要更换出故障的电子标签时，不必关闭电源，可直接进行热插拔操作
特色三	堆积滚筒输送线提供足够的缓冲能力，当某个料箱在某个拣选工作区被止挡器挡住移动时，其他部分依旧正常运行。可以方便地与生产线对接
特色四	多个拣选工作区并行作业
特色五	料箱进入输送线后，如果在某个工作区没有拣选任务，则信息自动向下一个工作区传递，以便拣货人员做好准备

图5-42　DPS的特色

（三）DPS的效益

DPS为无纸化拣货模式，以一连串装于货架上的电子显示装置（电子标签）取代拣货单，指示应拣取商品及数量，将人脑解放出来，拣货员无需靠记忆拣货，根据灯光提示可以准确无误地对货品进行拣选，不同颜色的灯光可以方便多人同时拣货而无需等待，方便企业应对订单暴增的情况。DPS系统通过与WMS相结合，减少拣货人员目视寻找的时间，更大幅度提高拣货效率。具体来说，DPS的效益如图5-43所示。

效益一	提高拣货效率，降低误拣率。电子标签借助于明显易辨的储位视觉引导，可简化拣货作业为"看、拣、按"三个单纯的动作。降低拣货人员思考及判断的时间，以降低误拣率并节省人员找寻货物存放位置所花的时间
效益二	提升出货配送物流效率
效益三	降低作业处理成本。除了拣货效率提高之外，因拣货作业所需的人员熟练程度降低，人员不需要特别培训，即能上岗工作。为此可以引进兼职人员，降低劳动力成本

图5-43　DPS的效益

参考文献

[1] 李杰. 工业大数据—工业4.0时代的工业转型与价值创造[M]. 邱伯华, 译. 北京: 机械工业出版社, 2015.

[2] 刘士军. 工业4.0下的企业大数据[M]. 北京: 电子工业出版社, 2016.

[3] 张浩, 樊留群, 马玉敏. 数字化工厂技术与应用[M]. 北京: 机械工业出版社, 2006.

[4] 辛国斌, 田世宏. 国家智能制造标准体系建设指南[M]. 北京: 电子工业出版社, 2016.

[5] 王建民. 工业大数据技术[J]. 电信网技术, 2016 (8): 1-5.

[6] 郑树泉, 覃海焕, 王倩. 工业大数据技术与架构[J]. 大数据, 2017, 3 (4): 67-80.

[7] 黄靖丽. 三维数字化技术在数字化工厂的应用[J]. 中国管理信息化, 2018 (01): 55-58.

[8] 李世杰, 张艳蕊. 数字化车间的构建策略[J]. 机械设计与制造, 2009 (09): 250-252.

[9] 朱彭生, 严隽琪, 范秀敏. 虚拟车间对象建模与数字表达[J]. 机床与液压, 2002 (06): 107-109.

[10] 丁露, 王成城. 数字化车间术语及通用技术要求标准研究和试验验证[J]. 中国仪器仪表, 2016 (11): 35-36.

[11] 艾武, 刘家福. 虚拟车间三维仿真环境的构建技术[J]. 计算机工程与应用, 2004 (09).

[12] 吴修德, 李刚炎, 刘诏书. 车间数字设备集成控制系统的研究[J]. 微计算机信息, 2007, 23 (9): 17, 18, 24.

[13] 杨雨标. 基于Vega的虚拟工厂快速构造研究[D]. 广东工业大学, 2004.

[14] 李文成, 苗会贤. 机加工行业数字化（智能）车间的研究与设计[J]. 济源职业技术学院学报, 2015 (03).

[15] 何建舟, 蔡辉, 李波. 基于军工制造特点的数字化车间系统构建[J]. 中国管理信息化, 2014 (17).

[16] 周娟. 冲压车间制造执行系统的设计与研究[J]. 机械研究与应用, 2015 (02).

[17] 张宏兵. 数字化制造车间集成管理系统研究与设计[D]. 南京理工大学, 2010.

[18] 中国电子技术标准化研究院. 工业物联网白皮书 (2017版), 2017-09.

[19] 中国电子技术标准化研究院. 工业大数据白皮书 (2019版), 2019-03.

[20] 工业和信息化部, 财政部. 国家智能制造发展规划 (2016—2020年) (工信部联规〔2016〕349号), 2016.

[21] 工业互联网产业联盟（AII）. 工业互联网体系架构（版本1.0），2016-08.

[22] 白景卉，陈忠贵，李愈馨. 数字化制造车间标准体系研究[C]// 提高全民科学素质建设创新型国家—2006中国科协年会论文集（下册）. [出版者不详]，2006：70-75.

[23] 焦波. 智能制造装备的发展现状与趋势[J]. 内燃机与配件，2020（9）：214-215.

[24] 刘双虎，门峰，董方岐. 浅析我国汽车行业智能制造装备发展现状与挑战[J]. 内燃机与配件，2020（7）：216-219.

[25] 朱帅，徐佳斌. 浅谈新常态下智能装备产业的发展与思考[J]. 现代商业，2020（24）：34-35.

[26] 周艳聪，张波，王岩，等. 智能制造系统研究及趋势分析[J]. 科学技术创新，2020（20）：93-94.

[27] 王丽丽，陈金鹰，冯光男. VR/AR技术的机遇与挑战[J]. 通信与信息技术，2016（6）：64-65，76.

[28] 蔡远利，高鑫，张渊. 数字孪生技术的概念、方法及应用[C]// 第二十届中国系统仿真技术及其应用学术年会论文集（20th CCSSTA 2019），2019：141-145.

[29] 杨明娣，陈广美. 探析化工教学中仿真技术的应用[J]. 化工管理，2014（32）：145.

[30] 李杰，邱伯华，刘宗长，等. CPS：新一代工业智能[M]. 上海：上海交通大学出版社，2017.

[31] 国家制造强国建设战略咨询委员会，中国工程院战略咨询中心. 智能制造[M]. 北京：电子工业出版社，2016.